SGM ART · MOUSE JI
服装品牌化教学研究

徐加娟　刘　珽　徐雪漫 著

中国纺织出版社有限公司

内 容 提 要

本书以校企合作的成果 SGM ART·MOUSE JI 品牌为实际案例，全面展示了品牌的定位与统筹、廓型设计、色彩与面料设计、针织工艺设计、时装发布会策划五大方面产教深度融合成果。本书是校企双方对服装设计教学方式的一个总结，从职业岗位需求出发，通过多年真实的产品研发案例，分享了校企合作品牌化教学育人的方法和品牌设计创作的实践经验，使学习者掌握服装设计的创作方法与技能，提高学习者的服装实践设计能力，增强学习者未来的岗位适应能力。

图书在版编目（CIP）数据

SGM ART·MOUSE JI 服装品牌化教学研究 / 徐加娟，刘珽，徐雪漫著. --北京：中国纺织出版社有限公司，2025.3

ISBN 978-7-5229-1320-9

Ⅰ. ①S… Ⅱ. ①徐… ②刘… ③徐… Ⅲ. ①服装－品牌营销－研究 Ⅳ. ①F768.3

中国国家版本馆CIP数据核字（2024）第024989号

责任编辑：李春奕　张晓芳　　特约编辑：刘清帅
责任校对：高　涵　　　　　　责任印制：王艳丽

中国纺织出版社有限公司出版发行
地址：北京市朝阳区百子湾东里A407号楼　邮政编码：100124
销售电话：010—67004422　传真：010—87155801
http://www.c-textilep.com
中国纺织出版社天猫旗舰店
官方微博 http://weibo.com/2119887771
天津千鹤文化传播有限公司印刷　各地新华书店经销
2025年3月第1版第1次印刷
开本：787×1092　1/16　印张：6.75
字数：170千字　定价：59.80元

凡购本书，如有缺页、倒页、脱页，由本社图书营销中心调换

    2018年10月我受邀于苏州工艺美术职业技术学院国际时尚中心，依据数十年在欧洲接受时尚教育、创立时尚品牌、设计并运作的实践和经验，对学校青年教师及其学生团队进行"品牌化"教学。

    一是通过模拟目标客户群、市场定位、风格安排等品牌化要素，进行服饰的系统实战化学习；

    二是培养大时尚观和整体时尚造型能力，在服饰设计的同时兼顾首饰和帽、包、鞋的设计；

    三是培养时尚展演能力，从T台形象设计、音乐和视频编制到表演编导。

    其过程始终贯穿欧洲先进的时尚教育理念，不断平衡设计概念与实践应用、个性与艺术规律等关系。以中华文化为创作源泉，使传统文化当代化、中国文化国际化，力图从服装到T台音视频到妆容和表演，奉献一曲中华民族文化国际化的时尚"交响曲"。

    品牌化教学旨在培养师生正确的审美、优秀的审美和国际水准的审美；培养师生快速适应或无缝对接乃至驾驭市场和社会的能力，并让品牌化教学成果接受国内外业界最高平台的检验。师生作品已有六期，其中，三期参加了中国国际时装周，受到国内业界专家大咖的肯定和好评。

    2019年参加意大利米兰国际时装周官方日程秀，也是米兰时装周接受的中国首个大学时装秀。

    时装秀在一曲《牡丹亭》昆曲的视频中开启，T台银幕上出现苏州传统和当代文化交织的情景，模特手执红灯笼在苏州评弹"月落乌啼霜满天，江枫渔火对愁眠"声中徐徐走向T台，身着以苏州桃花坞为元素的服装和首饰，伴着古琴声，十五分钟后，秀场再次响起苏州评弹"姑苏城外寒山寺，夜半钟声到客船"，手执红灯笼和红伞的模特组合方队走向T台谢幕，苏州评弹声在秀场和米兰的上空久久回旋。场上手机屏灯光和照相机灯光纷纷闪烁，一阵阵叫好声传来，表明欧洲观众看懂了、欣赏了、赞美了中国文化！主办方说："秀场反应如此热烈比较罕见。"

    米兰国际时装周官方日程秀有几大亮点。一是我们通过了以阿玛尼（Armani）牵头的主办方审核委员会的审核，二是秀场400多座位，实到场人数812人，且95%是欧洲人，三是秀场中不断传来"bello（意大利语：好）""molto bello（意大利语：很好）""fantastico（意大利语：棒极了）"的呼声，四是秀场结束一个多小时后观众迟迟不愿离场，五是秀后一个多月内意大利买手协会及客户不断发邮件求购服装。

    米兰的平台，让我们的师生"登高而小天下"，对自身事业充满了信心……

吉平生
2024年9月于南京

前言

2017年学校通过"引智"计划，特聘南京远东国际艺品有限公司艺术总监吉平生先生（MOUSE JI）为 SGM ART·MOUSE JI 国际时尚中心创意总监。该品牌崇尚自然、舒适实用且兼具文化艺术特质。通过合作，学校将 MOUSE JI 品牌的实用及创新理念引入校企合作品牌创作中，紧密对接产业链、创新链，将企业生产实践、设计理念带进合作项目，实现产教深度融合。

SGM ART·MOUSE JI 产品设计将国际化品牌企业的工作设计流程与主题教学法相结合，并参照服装设计师助理执业资格标准和企业典型岗位及岗位群的需要，根据职业能力匹配设计教学任务。在项目课程的设计流程与工作实务中，产品研发以服装设计专业师生领衔，并使箱包设计专业、平面设计专业、数字艺术专业等多名师生共同参与，完成作品的策划、设计、制作与发布。在跨专业的综合团队中，学生可与不同设计专业人员协作，了解行业动态，紧密对接产业链、创新链，成长为适合行业需求的专业型人才。自2017年至今，项目已经进行六期，设计成果丰硕，得到业界高度认可。

本书是校企双方对服装设计教学方式的一个总结。其撰写初衷是希望将这几年的校企合作品牌化教学育人的方法、品牌设计创作的实践经验分享给更多的人。本书从职业岗位需求出发，通过多年真实的产品研发案例，使学习者掌握服装设计的创作方法与技能，举一反三，融会贯通，提高学习者的服装实践设计能力，增强学习者未来的岗位适应能力。

本书的写作离不开同事与学生的共同努力。本书由徐加娟老师、刘斑老师、徐雪漫老师担任主编，负责全书的统稿。第1章品牌的定位与统筹由王欣老师执笔；第2章廓型设计由宁萌老师执笔；第3章色彩与面料设计由徐加娟老师执笔；第4章针织工艺设计由李俊蓉老师执笔；第5章时装发布会策划由于越老师执笔；徐加娟老师在章节撰写以及统稿中共完成10万余字，感谢以上老师的辛苦付出。在此特别感谢艺术总监吉平生先生对本书撰写提出的宝贵意见以及对本书设计案例的大力支持。本书涉及的教学理念与苏州工艺美术职业技术学院多年的主题教学法及教学改革有着密切联系，在此向共同进行教学改革的教师们表示感谢。

由于著者水平有限，加之时间仓促，本书内容上出现疏漏和不足之处在所难免，恳请有关专家与读者批评、指正。

著 者
2024年12月

目录

第1章　SGM ART·MOUSE JI 品牌的定位与统筹　001

1.1　品牌的缘起　001
- 1.1.1　关键词一：苏州工艺美术职业技术学院　001
- 1.1.2　关键词二：苏州工艺美术职业技术学院服装设计学院　002
- 1.1.3　关键词三：MOUSE JI 品牌及其创始人吉平生先生　003
- 1.1.4　关键词四：SGM ART·MOUSE JI 国际时尚中心　003

1.2　SGM ART·MOUSE JI 品牌的定位　004

1.3　产品线的规划　005
- 1.3.1　SGM ART·MOUSE JI 2019春夏系列　005
- 1.3.2　SGM ART·MOUSE JI 2020春夏系列　006
- 1.3.3　SGM ART·MOUSE JI 2021春夏系列　006
- 1.3.4　SGM ART·MOUSE JI 2022春夏系列　007

第2章　SGM ART·MOUSE JI 之廓型设计　009

2.1　学习目标与流程　009
- 2.1.1　项目介绍　009
- 2.1.2　学习目标　009
- 2.1.3　能力要求　009
- 2.1.4　设计流程　010

2.2　案例解析　011
- 2.2.1　轮廓设计方向与主题确立　011
- 2.2.2　资料分析与收集　013
- 2.2.3　SGM ART·MOUSE JI 的廓型设计　016

第3章　SGM ART·MOUSE JI 之色彩与面料设计 ··· 025

3.1　学习目标与流程 ···025
3.1.1　项目介绍 ···025
3.1.2　学习目标 ···026
3.1.3　能力要求 ···026
3.1.4　设计流程 ···026

3.2　案例解析 ···028
3.2.1　案例解析一 ···028
3.2.2　案例解析二 ···045

第4章　SGM ART·MOUSE JI 之针织工艺设计 ··· 055

4.1　学习目标与流程 ···055
4.1.1　项目介绍 ···055
4.1.2　学习目标 ···055
4.1.3　能力要求 ···056
4.1.4　设计流程 ···056

4.2　案例解析 ···058
4.2.1　调研分析 ···058
4.2.2　案例解析一 ···061
4.2.3　案例解析二 ···074

第5章　SGM ART·MOUSE JI 之时装发布会策划 ··· 083

5.1　确定 SGM ART·MOUSE JI 品牌表演主题与序列 ···083
5.1.1　确定发布会主题 ···083

  5.1.2 发布会选款与定装 084
  5.1.3 确定发布会序列结构 084
 5.2 挑选 SGM ART·MOUSE JI 品牌模特 085
  5.2.1 挑选模特的原则 085
  5.2.2 SGM ART·MOUSE JI 品牌模特挑选 085
 5.3 制作 SGM ART·MOUSE JI 品牌音视频 086
  5.3.1 品牌发布的音乐制作 086
  5.3.2 品牌发布的视频制作 087
 5.4 设计 SGM ART·MOUSE JI 品牌妆面造型 088
  5.4.1 品牌发布的模特试妆 088
  5.4.2 品牌发布的模特定妆 089
 5.5 SGM ART·MOUSE JI 品牌表演编排设计 090
  5.5.1 SGM ART·MOUSE JI 品牌发布舞台设计 090
  5.5.2 SGM ART·MOUSE JI 品牌发布编排设计 090
 5.6 SGM ART·MOUSE JI 品牌发布舞台诸要素合成 093
  5.6.1 SGM ART·MOUSE JI 品牌发布舞台设计 093
  5.6.2 SGM ART·MOUSE JI 品牌发布路线设计 094
 5.7 SGM ART·MOUSE JI 品牌彩排、演出与总结 097
  5.7.1 SGM ART·MOUSE JI 品牌发布彩排 097
  5.7.2 SGM ART·MOUSE JI 品牌发布演出与总结 097

参考文献 100

第1章
SGM ART·MOUSE JI 品牌的定位与统筹

1.1 品牌的缘起

SGM ART·MOUSE JI 品牌于2017年由苏州工艺美术职业技术学院联合 MOUSE JI 品牌创始人吉平生先生共同创立。自2017年10月学校聘请MOUSE JI 品牌创始人、服装行业领军人物吉平生先生担任学院时尚中心艺术总监、服装设计系青年骨干教师担任主设计师、服装系学生作为设计助理、行业能工巧匠为辅助组成混编原创师资团队以来，已经完成了由国内到国际的时尚发布飞跃：2018年 SGM ART·MOUSE JI 第一季作品精彩亮相中国国际时装周，成为第一个登上中国国际时装周的高职院校；2019年第二季作品亮相米兰时装周，成为首个登上意大利米兰国际时装周官方日程的中国高校；2020年与2021年第三季、第四季作品再次精彩亮相中国国际时装周。这些累累硕果是我院校企合作、产教深度融合的阶段性成果，是为推进艺术设计教育与产业协同发展，中国原创设计从国内走向世界作出的一次积极尝试和探索。

1.1.1 关键词一：苏州工艺美术职业技术学院

苏州工艺美术职业技术学院是我国成立的第一所艺术设计高等职业院校，1999年8月经教育部和江苏省人民政府批准，在原苏州工艺美术学校、苏州轻工职工大学的基础上组建而成，前身为1958年8月创办的苏州工艺美术专科学校，历史渊源可上溯至著名油画家、美术教育家颜文樑先生创办的苏州美术学校和苏州美术专科学校，学院拥有90多年的工艺美术教育传统。学院2007年被列为江苏省示范性高等职业院校，2010年被确定为"国家示范性高等职业院校建设计划"骨干高职院校立项建设单位，2014年以优秀成绩通过教育部验收，2018年入选江苏省高水平高等职业院校建设单位。

用一句话来形容苏州工艺美术职业技术学院的气质，其如同苏州的一幅"双面绣"，一面传统，另一面现代。作为我国成立的首所艺术设计高等职业院校，学校与苏州城市精神一脉相承，立足传统与现代两个基点，致力于非物质文化遗产传承人的培养和艺术设计教育国际化。学校设有现代艺术设计与传统工艺美术两大系列、25个专业、54个小专门化方向，基本覆盖了文化创意产业的大部分职业岗位，形成了多科相融、传统与现代并重的专业格局。

学院探索形成了传承保护国家级非物质文化遗产的苏绣模式、桃花坞模式、雷山模式、研创营模式，并积极吸收西方先进文化，注重与国内外艺术设计院校、文化学术机构的交流和合作，通过开展广泛的教师互访、学生互派、课程联合开发等交流活动，形成了以法国、英国为主体的对外合作与交流框架，目前与法、英、日、加等国家和地区的数十所大学建立了稳定的合作关系，每年吸引超过100位来自欧美、东南亚的学历、非学历留学生。

苏州工艺美术职业技术学院党委领导在一次接受采访时表示，学校未来将进一步服务文化强国战略，把区域优势、政策优势转化为办学优势、发展优势，坚定不移走开放发展、特色发展、合作发展之路，以中国特色高水平高职学校和专业建设为契机，深化专业内涵建设，不断提高人才培养质量，努力把学校建设成为高职艺术设计人才培养高地、传统工艺美术研究及成果转化高地、艺术设计国际交流特色窗口。

1.1.2 关键词二：苏州工艺美术职业技术学院服装设计学院

服装设计学院现设有服装与服饰设计、服装陈列与展示、时尚表演与传播3个专业方向。服装与服饰设计方向分为时装设计、针织服装设计与工艺、服饰传承与创新3个专业小方向。其中，服装与服饰设计专业为国家骨干高职院校重点建设专业、教育部高等职业教育创新发展行动计划骨干专业、江苏省骨干专业、江苏省特色专业、江苏省教育厅重点建设专业群专业、江苏省高等职业教育高水平骨干专业。拥有"服装设计工作室""工艺工作室""造型基础""针织服装设计工作室"4门省级精品课程（群），省级教学成果奖一等奖3项，国家级教学成果奖二等奖2项。同时，学院以教育部、江苏省教育厅服装职业教育师资培训重点建设基地、江苏省高职高专服装设计实训基地为平台，形成了具有浓郁的艺术底蕴、鲜明的专业特色、独特的教学模式的服装设计教育人才培养模式。

苏州工艺美术职业技术学院服装设计学院长期致力于搭建中法两国艺术设计教育与研究交流平台，以中法江苏时装培训中心为依托，比较和研究中法艺术设计创作理念和教育模式，培养设计领域国际化人才，促进国内设计行业发展。早在1998年，服装设计学院就在教学中引入法国服装设计的教学理念和教学模式，形成了"注重创新思维、提高艺术素养、强化职业能力"的教学理念；以及具有国际化、职业化特色的"工作室制"教学模式及"主题"教学方法，将艺术与科学、传统与时尚紧密结合，使学院的服装设计教学获得了富有生命力的原创和可持续发展的动力。

1998年成立中法江苏时装培训中心是法国教育部门与中国合作的第一个职业教育项目，也是江苏省职业类学校与国外合作的最早项目之一，中法合作形成了以法国国民教育部为龙头、巴黎杜百利高等实用艺术学院为骨干，汇聚了法国和海外省市近十所高等艺术设计院校的合作网络，其中，与斯特拉斯堡科布希耶建筑学院和与格勒诺布尔阿古思技术设计学院的合作分别被纳入江苏省与法国阿尔萨斯省、苏州市与格勒诺布尔市的合作框架中。迄今为止20年时间内国际化合作教学模式不断改革完善，在中法双方的不断努力下，遵循先进的教学和艺术设计理念，探索适合服装设计的专业人才培养途径，在课程设置、教学内容、教学方法方面取得了可喜的成果，是服装设计学院不断推进国际交流合作教学下的丰硕成果。先后与法国杜百利高等实用艺术学院合作开展了《中国餐饮》《英雄》《桃花坞》等主题教学，并出版系列主题教学法丛书，获得多个奖项。

1.1.3 关键词三：MOUSE JI 品牌及其创始人吉平生先生

吉平生先生（MOUSE JI），旅法时装设计师，MOUSE JI 品牌创始人，南京远东国际艺品有限公司法人。

吉平生先生所学为陶瓷美术专业，后在意大利学习时尚设计。1993—2006年在意大利、法国高级品牌中从事设计工作并担任设计总监。2008年以个人英文名MOUSE JI 为品牌，开辟欧洲女性时装高端市场。2009年7月21日，MOUSE JI 品牌成为首个及唯一一个被世界顶级时装百货巴黎老佛爷（Galeries Lafayette）邀请入店的华人设计师品牌。

MOUSE JI 品牌曾先后受邀参加柏林和巴塞罗那"世界精品品牌展"（Bread & Butter）、巴黎Who's Next设计师品牌展、英国伦敦服装展（Pure London）、Tranoi巴黎顶级奢侈品牌展等专业展会和重量级活动。至2009年8月31日，MOUSE JI 品牌形成了法国、意大利、德国、英国、荷兰、比利时、加拿大、澳大利亚等16个国家和地区263家多品牌集合店（Multiple Brand）的销售网络。

1.1.4 关键词四：SGM ART·MOUSE JI 国际时尚中心

苏州工艺美术职业技术学院多年来始终坚持"市场导向，服务社会"的原则，开展"工作室制"人才培养模式的创新实践。一方面，学校希望根据企业和市场需求，让企业积极参与学校专业建设，将市场需求与学校高技能人才培养紧密结合；另一方面，通过校企合作为"双师型"教师队伍建设搭建了良好的平台，使专业教师与企业教师形成互补，全面优化师资结构。2018年，成立 SGM ART·MOUSE JI 国际时尚中心这一设计机构的大胆构想开始在苏州工艺美术职业技术学院领导头脑中酝酿开来。

经过一年的周密筹备，2019年10月，SGM ART·MOUSE JI 国际时尚中心正式成立（图1-1）。国际时尚中心的设计师以服装设计学院青年教师为主，聘请行业能工巧匠加盟，由吉平生先生担任艺术总监，组建成混编师资团队，带领学生共同设计研发实用化、国际化的时装作品。

经过几年努力，国际时尚中心已经成为学校服装设计学院专业建设的平台、产教融合的平台和对外交流的平台，更成为培养高素质技术型专业人才的重要平台。SGM ART·MOUSE JI 于2018年10月在中国国际时装周发布了第一季春夏系列作品。2019年10月在意大利米兰国际时装周发布了第二季春夏系列作品，这也是中国高职院校首次亮相世界四大时装周舞台，集中展示了学校服装设计专业教育教学成果，也凸显了学校在校企合作和产教融合方面取得的成效，有效促进了中国服装设计教育与国际的交流。2020年10月、2021年9月，SGM ART·MOUSE JI 先后在中国国际时装周发布了第三季、第四季的师生设计作品。

通过 SGM ART·MOUSE JI 国际时尚中心，学校建立和完善"创新时尚设计人才培养"运行机制，搭建教师参与企业实践的平台，不断提高专业教师设计创新和教学水平，推进构建校企合作、专业共建和产教融合的新模式，协同打造江苏省服装产学研共生共赢平台，为代表江苏省推进全国高职教育教学改革高质量发展发挥重要作用。

这一场场高规格的时装秀，是苏州工艺美术职业技术学院近年来持续深化校企合作、推进产教融合的阶段性成果，这一次次时装秀的成功举办不断造就着产教融合的成功范例，反映了学校在当代高职艺术设计教育与产业协同发展道路上的不懈追求与探索。

图1-1　国际时尚中心正式成立

1.2　SGM ART·MOUSE JI 品牌的定位

　　SGM ART·MOUSE JI 品牌根植于中国文化，同时融入了全球一体化趋势下中国哲学和西方哲学融合共生的思考，着眼于传统文化的当代呈现、中国元素的国际表达，在设计中将中国的对称主义、中庸主义和西方的不对称主义相结合，充分融合了东方传统文化气质与西方现代时尚气息。这是 SGM ART·MOUSE JI 的核心理念，与学校传统和现代相融合的"气质"一脉相承。

　　要把握好中国文化和西方文化的平衡，说起来容易，做起来难，这正是设计的关键。SGM ART·MOUSE JI 品牌对待东西方文化的融入从未进行简单的叠加，而是把它们揉碎后重新组合。以"传统文化的当代表达""中国文化的国际表达"为出发点，SGM ART·MOUSE JI 品牌借鉴先进的国际时装设计理念，从园林、水乡等苏式美学元素和桃花坞木版年画中汲取灵感，将现代创意巧妙地融入国风中，用无声胜有声的淡雅微妙来传达简约、自然、内敛的设计理念。

　　吉平生先生说："在设计上我很注重线条，不可多一笔，不可少一笔，作品要达到无为的境界，就是真正好的设计已经看不出来它在做设计了，这是我努力想要做到的。"

　　SGM ART·MOUSE JI 品牌的时装没有绚丽的色彩和印花，只用经典的黑、白、灰作为每季的主色调；SGM ART·MOUSE JI 品牌的时装高档而不奢华，个性而不矫揉造作，朴实而不乏时尚色调；SGM ART·MOUSE JI 品牌的时装从不用华贵的配饰来装饰着装者，因为在设计师的眼中，高尚的着装者最具吸引力的是她/他高贵的内心，而非浮华的外表……SGM ART·MOUSE JI 品牌正是用峻洁清高、宁静致远的气魄与意境诠释着另类的优雅与别样的着装之美。

用吉平生先生的话来说，"中国风但不描龙画凤，传统但不拘泥过去，时尚但不追随潮流。"这正是对 SGM ART·MOUSE JI 品牌特有的气质与风格的生动概括。吉平生先生带领着苏州工艺美术职业技术学院服装设计学院师生在这点上下足了功夫，才使 SGM ART·MOUSE JI 品牌既能感染国际时尚专业人士，又能打动国内外有修养、有品位的众多知性女性。

1.3 产品线的规划

1.3.1 SGM ART·MOUSE JI 2019春夏系列

SGM ART·MOUSE JI 2019春夏系列以"逆"为主题，中国风但不描龙画凤，传统但不拘泥过去，时尚但不追随潮流，四支师生团队分别创作了《刻意疏离》《禅·翼》《归〇》《落壁》四个主题系列，作品发布于2018年中国国际时装周（图1-2）。

图1-2　SGM ART·MOUSE JI 作品发布于2018年中国国际时装周

1.3.2　SGM ART·MOUSE JI 2020春夏系列

SGM ART·MOUSE JI 2020春夏系列以"Speechless"为主题，共分为《月落》《风止》《水寂》三个小主题。本系列设计以苏州桃花坞图案、中国传统元素等为切入点，以抽象的表达赋予传统图形新的意义，使恰到好处的图形印染自由穿梭于服饰之间；在款式上拒绝过度夸大和面料的堆积，拒绝寻求无意义的视觉感，将现代创意细节巧妙地融入国风，款式表达上让人觉得巧妙的是它的无声胜有声，用淡雅微妙来阐述国人特有的气质，突出本次系列清雅的基调。作品参加了2019年米兰国际时装周的官方发布，获得国内外多个媒体的报道，这些累累硕果是学院校企合作、产教深度融合的阶段性成果，是为推进艺术设计教育与产业协同发展，中国原创设计走向世界作出的一次积极尝试和探索（图1-3）。

图1-3　SGM ART·MOUSE JI 作品发布于2019年米兰国际时装周

1.3.3　SGM ART·MOUSE JI 2021春夏系列

SGM ART·MOUSE JI 2021春夏系列以"疏·影"为主题，这是一场关于重塑苏式美学元素的时装发布，整个系列围绕苏州文化，以姑苏美景、园林、花窗、竹影等代表性元素为切入点，拒绝过度夸大的设计表达，将本土文化元素经过转换设计后，简约、自然地呈现在现代国风款式中。设计节奏起伏跌宕，色彩时浓时淡，动静相宜，淋漓尽致地表达品牌所追求的峻洁清高、宁静致远的气魄与意境。

这一季的作品分为《静水流深》《绘事后素》《生生不息》《水墨气韵》四个小主题，四个主题共同围绕大主题展开，并有着各自的故事与风格特色，共包括6个系列、70余套高级成衣，作品发布于2020年中国国际时装周（图1-4）。

SGM ART·MOUSE JI 2021春夏时装发布汇集了苏州工艺美术职业技术学院服装设计学院、手工艺术学院、工业设计学院、数字艺术学院和视觉传达学院5个学院12位老师和近50名学生，师生共同参与完成了整个时装系列服装、配饰、视频、音乐等的策划、设计与制作。

图1-4　SGM ART·MOUSE JI 作品发布于2020年中国国际时装周

1.3.4　SGM ART·MOUSE JI 2022春夏系列

SGM ART·MOUSE JI 2022春夏系列以"幽"为主题。"幽兰生前庭，含熏待清风。清风脱然至，见别萧艾中。"幽兰生于前庭，含香等待沐浴清风。清风轻快习习至，杂草香兰自分明。处处表现诗人清净、淡泊的心境和轻松的生活态度。这也是SGM ART·MOUSE JI 2022春夏系列想要表达的简约、幽静、深邃的意境。

本季作品以中国文化与江南文化为主题，分为"南城忆旧""淡墨轻岚""夜泊姑苏""轻云出岫""瓷肽古迹"五个小主题，并涵盖了男装、女装、梭织、针织等不同品类，产品线丰富。在作品中传承、表达中式美学概念，引领、倡导、挖掘中国优秀的传统文化，在创作中探索东方美学的文化内涵。

本季作品在工艺传承方面与本土非遗文化深度融合，面料设计选用非遗丝织品——宋锦、吴罗，并结合传统的苏绣工艺，以绣为基础加入现代面料二次设计的诸多实验与创新，完成了五个系列共计80余套高级成衣，在苏州工艺美术职业技术学院美术馆完成全系列的发布，作品同时完成2022年中国国际时装周线上发布（图1-5）。

图1-5　SGM ART·MOUSE JI 作品发布于苏州工艺美术职业技术学院美术馆

第2章
SGM ART·MOUSE JI 之廓型设计

2.1 学习目标与流程

服装廓型设计是指对服装外形和形态进行研究和设计的过程。它是服装设计的基础之一。服装廓型决定服装的外观效果：包括服装的长短、宽窄、高低、层次等方面，直接影响着服装的美观程度和时尚感；服装廓型彰显服装的风格特点：服装廓型设计是服装设计中彰显风格特点的重要手段之一，通过廓型设计的变化，可以表达不同的风格特点，如优雅、简练、硬朗、休闲、运动等；服装廓型体现服装的穿着舒适度：服装廓型设计不仅要考虑服装的外观效果，还要考虑服装的穿着舒适度和合身度，合理的廓型设计可以让服装更加符合人体工程学原理，提高穿着的舒适度和合身度；服装廓型反映时尚潮流和市场需求：服装廓型设计不仅要符合时尚潮流，更要符合市场需求和消费者的喜好，通过廓型设计的变化和创新，可以满足消费者的需求和市场的需求。

总之，服装廓型设计是服装设计中非常重要的一环，它决定着服装的外观和效果，体现着服装的风格特点和穿着舒适度，反映着时尚潮流和市场需求，因此，在服装设计中具有非常重要的意义。

2.1.1 项目介绍

廓型设计一直是 SGM ART·MOUSE JI 品牌重点考虑的方向，本章节主要介绍如何在 SGM ART·MOUSE JI 服装设计项目中针对"廓型"进行设计。通过对 SGM ART·MOUSE JI 项目风格、设计主题的理解诠释，对"廓型"设计的多方面进行思考讨论，在造型、结构等方面进行深入设计与研发，最终形成符合项目背景与主题的服装设计作品。

2.1.2 学习目标

（1）了解服装廓型设计的相关概念、理论，初步具备服装廓型分析能力。
（2）熟悉服装廓型设计的流程。
（3）掌握服装廓型设计的方法。
（4）能够根据项目要求选择合适的设计流程和方法。

2.1.3 能力要求

（1）能了解廓型设计的流行趋势并运用。
（2）能制定项目服装廓型的设计方案。
（3）能鉴赏服装设计语言的能力。
（4）理解内外廓型设计的关系，并具备内外廓型设计能力。
（5）培养学生创意性、批判性的设计思维。

2.1.4 设计流程

服装廓型设计的学习需要锻炼综合能力，包括理论与实践两个方面。理论部分主要涉及服装廓型的基础理论知识，如服装结构、面料特性、身体比例等。这些理论知识的掌握是进行实践的前提条件，也是实践效果的重要保障。在理论学习的基础上，实践部分则着重于掌握服装廓型设计的具体流程和技巧，包括如何进行服装平面图的绘制、如何进行三维立体裁剪、如何进行试衣和修正等。只有掌握了这些实践技能，才能够将理论知识转化为实际的设计效果，并不断提高自己的设计水平。因此，理论和实践两个方面缺一不可，都是服装廓型设计学习中不可或缺的部分。

2.1.4.1 理论学习

服装廓型理论是指对服装外形和形态的研究和理论探讨。它是服装设计的基础理论之一，涉及服装的三维结构、线条和比例等方面，是决定服装外观和效果的重要因素之一。

服装廓型设计的重点包括以下几个方面。

（1）服装外形的三维结构：指服装在空间中的三维结构和外形特点，包括服装的长度、宽度和高度等方面。

（2）线条的运用：指服装各部位线条的组合和运用方式，包括直线、曲线、折线等不同的线条形态，以及线条的粗细、长度和方向等因素。

（3）比例的掌握：指服装各部位的比例关系，包括上下身比例、胸围、腰围、臀围等不同部位的比例关系，以及不同身材类型的比例特点。

（4）廓型的分类：指服装廓型的不同分类方式，如修身、宽松、对称、不对称、立体等不同的廓型形态。

（5）廓型的变形：指对服装廓型进行改变或组合的方法，包括拼接、剪裁、重组等不同的变形方式。

（6）空间感的表达：指服装廓型中的空间感和层次感的表达方法，如利用立体剪裁、层叠、褶皱等方式营造服装的空间感和层次感。

（7）肩部廓型的设计：肩部是服装设计中非常重要的部位之一，肩部的设计不仅影响着服装的外观效果，还关系到服装的穿着舒适度和合身度。

（8）材料的选择和运用：服装廓型的设计还需要考虑所选用的材料和面料的特点，以及在廓型设计中材料的运用方式，如面料的质地、肌理等因素对服装廓型的影响。

（9）廓型的适应性：服装廓型的设计需要考虑不同身材的人群，以及不同场合的需求，如不同的体型、年龄、性别、职业等因素对服装廓型的适应性。

在实际的服装设计中，服装廓型理论需要结合具体的设计需求和实际情况进行灵活运用，设计出符合市场需求和消费者需求的服装作品，掌握服装廓型理论是非常重要的，它可以帮助设计师更好地把握服装的外形和形态，设计出更加美观、合身和符合时尚潮流的服装作品。

2.1.4.2 实践与应用

在进行服装廓型设计实践时，需要按照一定的步骤和流程进行设计工作，从而达到预期的设计效果。一般来说应遵循以下设计流程。

（1）确定设计主题和目标人群：在进行服装廓型设计之前，需要确定设计主题和目标人群，包括对时尚趋势、市场需求、功能性需求等方面的考虑，以及对服装的穿着场景、年龄、性别等方面的考虑。

（2）进行廓型设计的初步构思：在确定设计主题和目标人群之后，需要进行廓型设计的初步构思，包括确定对服装的廓型类型、线条、形态等方面的考虑，以及针对不同身体形态和比例制订廓型设计方案。

（3）制作廓型设计的样板：在完成初步构思之后，需要制作廓型设计的样板，包括手绘草图、数字模型等，以便更好地展示和调整廓型设计的效果。

（4）进行廓型设计的调整和优化：通过对廓型设计的样板进行试穿和调整，可以发现一些设计上的问题，如不合身、不舒适等，需要进行优化和改进。

（5）确定面料和配色方案：在完成廓型设计的调整和优化之后，需要确定面料和配色方案，使服装的廓型设计与面料和配色相协调，达到更好的视觉效果。

（6）进行样衣的制作和试穿：完成面料和配色方案之后，需要进行样衣的制作和试穿，确保服装的廓型设计与面料和配色的效果相匹配，并且确保其符合人体工程学原理和穿着舒适度的要求。

（7）完成最终的服装廓型设计作品：在进行样衣的制作和试穿之后，需要进行最终的廓型设计作品的制作，包括裁剪、缝制、整烫等方面的工作，最终形成符合设计主题和目标人群的服装廓型设计作品。

综上所述，服装廓型设计的流程包括确定设计主题和目标人群、进行廓型设计的初步构思、制作廓型设计的样板、进行廓型设计的调整和优化、确定面料和配色方案、进行样衣的制作和试穿，最终完成符合设计主题和目标人群的服装廓型设计作品。具体实施过程根据设计项目的实际需要有所调整，有目的地对流程进行整合、提高效率。

2.2 案例解析

2.2.1 轮廓设计方向与主题确立

在服装设计的最初阶段，需要把握设计的轮廓方向、确定主题，这是整个设计流程的核心。在确定轮廓设计方向时，需要从两个方面进行考虑，考虑设计师个人的喜好、风格与本项目的设计要求，确保设计方向与品牌目标一致。

SGM ART·MOUSE JI 项目目标是通过研究传统文化，在传统文化中提取有价值的元素并将中国传统美学意蕴以当代的形式表达出来。传统服装廓型的再设计，相较于图案、色彩提取或部件细节的改良设计，难度更大。简单地将传统造型移植和复制只是延续传统服饰文化的基本方法，通过廓型和审美细节创作出符合当下审美的设计作品需要设计师有着更深的思考。不跟随流行风格与趋势，从国际视野出发，体现当代化的中式意蕴是本项目的设计目标。在设计中，面料以棉、毛、丝、麻等天然材质为主，目标客群为：25～35岁爱好中国文化，且具有一定艺术审美诉求的文艺女性，服装可穿着性强，可批量生产与制作。

  本次项目主题名为《澄怀观道》，以传统元素为灵感源，专注于廓型设计。澄怀观道，描绘微妙至深的禅境，精妙地呈现了在审美主客体之间的交融关系，是国风文化表达的一个主题。澄怀方能观道，观道适以澄怀，澄怀与观道是统一的，审美的主体与客体是统一的，心怀的澄澈是审美主体的升华，以实现较高的审美境界。这一心灵境界，是文人以达致澄澈的空明心境来看待世事、潜心创作，寓情于纯净创作中的一种悠然的人生态度。在主题创作中，结合明末清初的木刻版画的图形元素，以黑白为主，彩印为辅。在暗灰色块中穿插装饰性线条，削弱画面中纯色块带来的"火气"，增加了画面的层次和节奏变化。图案线条色调的处理，倾向于清新、淡雅、柔和，改变了传统版画浓重色彩带来的民间味（图2-1、图2-2）。

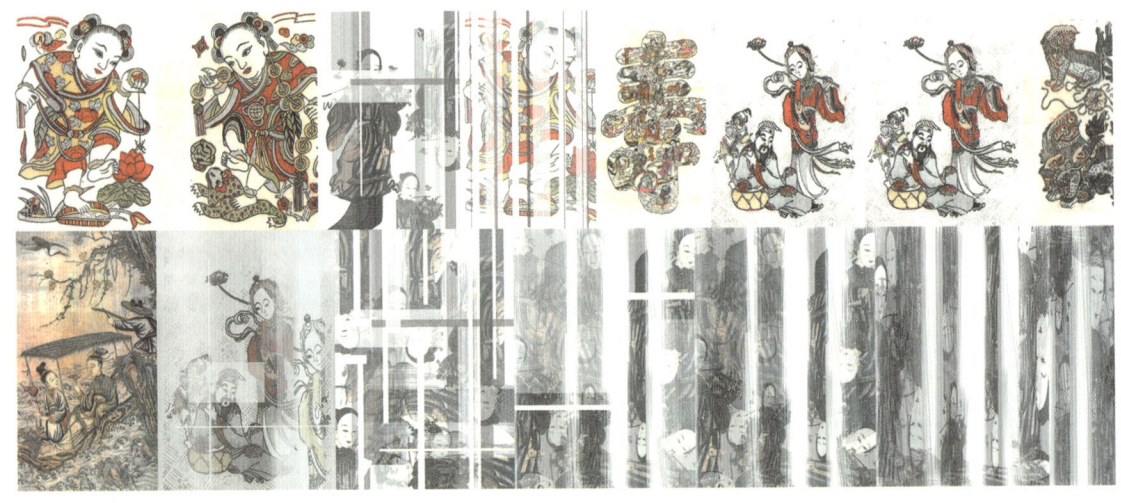

图2-1　图案设计1

图2-2　图案设计2

2.2.2 资料分析与收集

服装廓型是服装造型的根本之源，又被称为服装的轮廓线，是指服装外部的轮廓造型，为了强调表现立体造型而设计，是服装外部设计的根本要素。"服装外形所呈现的优美体态和容貌，远比服装式样更重要"，这句话说明廓型设计的重要性。廓型可以说是用最简洁的语言表现时装形态所传递的情感。

在资料的分析和收集阶段，需要对服装廓型的概念、分类、设计方法及主题概念下服装廓型设计进行详细的了解和研究。

根据 SGM ART·MOUSE JI 的品牌基调与当季的市场定位，对相关廓型设计进行调研分析。

在资料收集和分析前做以下准备工作。

（1）确定调研目标和范围：根据品牌目标和本次设计定位的需求，明确收集资料和信息的路径，并整理归类（可按传统廓型、传统服饰细节、经典廓型、国际流行廓型等分类）。

（2）找到可靠的数据来源：可以通过各种途径收集资料，如调查问卷、采访、文献资料、市场调研报告等，确保数据来源可靠、准确、有代表性。

（3）积极收集和分析竞争对手的资料：了解竞争对手的产品特点、价格、销售渠道等信息，有助于制定更好的设计与营销策略。

（4）进行市场调研：通过市场调研，了解目标消费者的需求、喜好、购买行为等，有助于确定产品定位和廓型设计方向。

（5）使用网络工具：可以使用各种网络工具和平台，如社交媒体、网络调查问卷、在线调研等，收集更广泛、更丰富的数据。

（6）定期更新资料：市场环境和消费者需求都在不断变化，因此，需要定期更新资料和信息，以保持对市场的敏锐度和竞争优势。

（7）与专业人士交流：与行业专家、学者、设计师等交流，了解最新的市场趋势和设计技巧，有助于更好地进行产品的廓型设计与分析。

选取Uma Wang，瑞克·欧文斯（Rick Owens），山本耀司（Yohji Yamamoto）三个品牌进行详细介绍。

2.2.2.1 Uma Wang

Uma Wang品牌创始人——王汁，属于典型的大器晚成的设计师。Uma Wang从2003年就开始做自己的品牌，2011年、2017年陆续登上米兰等国际时装周，慢慢进入大众视野。品牌追求低调、内敛的东方禅学理念，强调材质、细节与廓型的融合，以自然染色、做旧等古法技艺传达可持续的理念。

在Uma Wang的作品表达中，重点从面料出发，运用简洁的面料表现时装的张力，用传统的面料去尝试各种先锋性的实验，打破对材料的传统认知。在廓型设计中，善于运用柔和的轮廓与面料的质感表达东方特有的典雅、含蓄和刚柔并济。Uma Wang设计以平衡且不对称的廓型、西式与中式廓型的融合、轻松而不松垮著称。该品牌以宽松造型为主，如A型、H型，整体造型充满东方气质，其廓型设计塑造了宽松并充满空间感的造型特点（图2-3、图2-4）。

图2-3 Uma Wang系列作品1

图2-4 Uma Wang系列作品2

2.2.2.2 Rick Owens

极简主义的色彩运用和摇滚不对称的层叠设计是瑞克·欧文斯（Rick Owens）的典型设计。该品牌的设计兼具实穿性与个性化特征，风格独树一帜，深受专业设计师以及消费人群的喜爱。

瑞克·欧文斯（Rick Owens）的设计风格又被称为"哥特式极简主义"，其作品强调建筑构架的外套和著名的斜纹剪裁，低调地包裹着身形，通过造型的变换，重塑超出人体曲线的新造型，打破以往的设计惯性，并不完全以肩、腰、臀为参考出发进行设计，而是大胆地改变造型路线，形成新的服装廓型态势（图2-5）。

图2-5 瑞克·欧文斯（Rick Owens）系列作品

2.2.2.3 Yohji Yamamoto

对于喜欢从传统服饰中汲取灵感的山本耀司（Yohji Yamamoto）而言，通过色彩与材质的丰富组合来传达时尚理念是最恰当的手段。西方设计师更多运用的是从上至下的立体裁剪，山本耀司则从两维的直线出发，形成一种非对称的外观造型，这种自然流畅的形态正是日本传统服饰文化中的精髓。他的服装以黑色居多，并以男装见长，其Y&S品牌线男装由于能够自由组合、价格适中，在市场上取得了较大的成功。其廓型具有经典的窄衣设计特点，款式西化，整体线条流畅简约，强调人体与服装之间的空间，淡化人体曲线，使东西方设计理念得到了平衡，服装外轮廓造型明确，设计线条内敛，轮廓风格走向更中性（图2-6~图2-8）。

图2-6 山本耀司（Yohji Yamamoto）系列作品1

图2-7　山本耀司（Yohji Yamamoto）系列作品2

图2-8　山本耀司（Yohji Yamamoto）系列作品3

2.2.3　SGM ART·MOUSE JI 的廓型设计

注重中国美学。西方与东方在服装设计美学方面的较大不同是对外在造型的把握，东方美学思想"重意轻形"，西方对于廓型材质的重视使服装设计手法有了具体的发展路径与空间，廓型是表达情感和传递理念的视觉手法。在 SGM ART·MOUSE JI 项目设计中，突出中国传统禅宗美学特征，以平面裁剪为主，弱化人体比例，重在体现中式服装优雅内敛的气质，同时兼具现代设计特征，加强传统款式的创新，在设计中的体现如下。

（1）通过X造型体现流畅线条与气质；

（2）通过在人体曲线的弱化中，达到人与自然的统一；

（3）通过上下套装的O型、H型设计，体现现代设计元素并与传统服装廓型结合；

（4）通过以上三个方向达到改变人体比例、弱化人体线条、重塑服装造型的目的。

2.2.3.1　X型连衣裙：传统服装式样的精准改造

注重意境的表达。意境（artistic conception），是中国古代独有的审美形态。中国文化注重意象，超越实物的精神追求，使中国审美理念更注重对"韵律""神态""意境"等抽象的表达。

品牌的廓型设计强调人与服装之间的空间感，线条轻松流畅，处处体现天人合一、道法自然的理念。在廓型设计之初，大量调研《中国历代服饰集萃》《细说中国服饰》《大明衣冠图志》《中国传统服饰图鉴》《中国历代服饰图典》等书中传统典型的款式，感知传统服装的廓型、细节、工艺、色彩等多方面的特点，为廓型设计提供灵感。

在SGM ART·MOUSE JI品牌的X廓型设计中，为了保持中式风格，服装主基调便是松散流畅的廓型，不刻意强调人体曲线。在X廓型设计时需要打破传统认知，如何在保持传统宽松廓型的基础上体现X型，如何做到矛盾的统一？首先，虽然为X型，但弱化"X"的收腰设计，并将腰线提高，一方面拉长比例，另一方面削弱人体造型，使服装从"X收腰造型"自然过渡至东方的流动感，不突兀、不强调，简约而自然；其次，采用不对称的设计，在以"X收腰造型"为主的廓型中，一侧为X型，另一侧采用宽松设计方法，制造设计矛盾点，中西手法结合，达到视觉上既矛盾又统一。面料因考虑天然特性，以棉麻居多，质感上保持质朴，颜色上保持低调，在款式每一个环节都经过精挑细选、反复琢磨，与品牌的整体设计理念达到一致（图2-9~图2-14）。

图2-9　SGM ART·MOUSE JI品牌X廓型设计作品效果图1

图2-10　SGM ART·MOUSE JI品牌X廓型设计作品效果图2

图2-11　SGM ART·MOUSE JI 品牌X廓型成衣1

图2-12　SGM ART·MOUSE JI 品牌X廓型成衣2

图2-13　SGM ART·MOUSE JI 品牌X廓型成衣3

图2-14　SGM ART·MOUSE JI 品牌X廓型成衣4

2.2.3.2　A型披风裙：天人合一的表达

在A型披风设计部分，服装面料多使用棉、麻材质，采用草木染、茶染方式，色彩设计灵感来自大自然中的岩石色质，最大程度取自自然元素，强调自然本源的设计。其披风和悬挂结构设计使整体廓型既优雅又随性，行走之间充满流动感，回归服装自由舒适的穿着体验。保持遮盖人体的流畅线条造型，去除多余的设计部件，回归本我，让面料顺应人体，通过不同面料自然垂坠于人体的效果，结合现代裁剪缝纫设计手法，兼具更多的功能性，保持与市场的接轨（图2-15～图2-19）。

图2-15　SGM ART·MOUSE JI 品牌A廓型设计效果图1

图2-16　SGM ART·MOUSE JI 品牌A廓型设计效果图2

2.2.3.3　H型上下装：中和之美的表达

中和（neutralization and harmony）是中国最重要的审美形态之一。在"中和"里，中是前提，和是结果；中是核心，和是必然；有中必有和，非中不能和。"中"意为适中、适度，中和强调和谐平衡之美，讲究二者之间的中位，矛盾中的化解，也是内心思维天性的表达。上下装设计均是中和之美的体现。从剪裁上，以廓型宽松的上衫下装为主，以衬衫的基本款为基础。在领部、门襟、底摆等部位加入斜门襟、不对称等设计，下装以阔腿收脚裤为主，强调活动量与舒适度，宽幅的下裙摆与面料堆叠形成层次感，正好与传统东方服饰的袍

图2-17　SGM ART·MOUSE JI 品牌A廓型成衣1

图2-18　SGM ART·MOUSE JI 品牌A廓型成衣2

图2-19　SGM ART·MOUSE JI 品牌A廓型成衣3

服款式相呼应，既保留了现代服装的功能性与实穿性，又结合了传统服饰特点，加入东方元素，给人平静安逸的闲适感（图2-20～图2-26）。

图2-20　SGM ART·MOUSE JI 品牌H廓型上下装作品效果图1

图2-21　SGM ART·MOUSE JI 品牌H廓型上下装作品效果图2

图2-22　SGM ART·MOUSE JI 品牌H廓型上下装作品效果图3

图2-23　SGM ART·MOUSE JI 品牌H廓型上下装作品效果图4

图2-24　SGM ART·MOUSE JI 品牌H廓型上下装作品效果图5

图2-25　SGM ART·MOUSE JI 品牌H廓型上下装作品效果图6

图2-26　SGM ART·MOUSE JI 品牌H廓型上下装成衣

第3章
SGM ART · MOUSE JI 之色彩与面料设计

3.1 学习目标与流程

服装的色彩与面料是服装设计中的重要元素。针对项目品牌的设计需求，服装色彩创作在符合品牌服装的设计风格的同时，考虑目标消费群体的审美喜好。在色彩设计时，设计师会将国际流行色的趋势融入系列作品的色彩创作中。本文的服装色彩设计是基于多年的主题教学法经验形成的系统的创作方法，色彩设计方法丰富且原创性高。

本文的服装面料设计，又称为面料的二次设计，是指根据项目主题的设计需要对成品面料进行再次设计处理，使之产生新的艺术效果。通过对面料的纤维、结构、表面肌理及后整理工艺进行再创作，使材料产生新的构成形式、表面肌理及审美价值，为服装增加创新亮点。

面料作为服装设计的三要素之一，面料设计是一项创意性较强的设计活动。在设计前，应具备以下多方面的知识储备和意识。

首先，了解不同纤维与面料，区分针织与机织等面料组织结构的特点，明确针织与机织在面料设计中的区别与优缺点。如机织面料有经纬向之分，根据织法密度，有易脱散等特点，因不同的机织材料厚度不同，所以缝制方法不同。针织服装分为针织成型服装和针织裁剪服装两大类，针织面料悬垂度好、质地松软，但是硬挺度不佳，如何在面料设计中运用，需要对面料材质与设计方法有足够的认知能力，保证面料设计实施的有效性。

其次，面料设计实施中的创意需要知晓多种面料设计创新手法并灵活运用，在具体的项目面料实施中是面料种类与面料设计手法的综合运用，需要设计师有较强的综合设计能力与艺术修养。面料设计手法有染制、花式缝制、镂空法、印染法、抽纱法、破损法、刺绣法、手绘法等，种类繁多，根据不同的项目要求、不同的灵感源，综合分析并灵活创作，是考验设计师的一项重要创作活动。

最后，面料设计需要一定的职业素养与社会责任感，比如，对传统手工艺的传承、对未来技术的探讨与创新意识、对时尚产业可持续发展的意识，这些理念下的面料设计产品才是符合当下社会、品牌需求的产品。

3.1.1 项目介绍

第2章主要论述的是项目操作中廓型的设计方法，如何在保持品牌风格的同时拓展设计出不同系列与风格的廓型。本章重点论述的是在项目设计中，面料设计与色彩设计的方法与程序，面料设计在品牌设计中是一个重要环节，其可以为服装增加设计亮点的同时提升产品的附加值，这也是很多高级成衣品牌提升产品价值的重要方法。因此对于一名服装设计师而言，首先要把握现有的品牌风格，在此基础上确定设计的主题、色彩表现、面料设计与创意、成衣款式绘制、样衣与成衣的制作等，每一个环节的表现都非常重要。本章从主题教学法入手，确立主题，在渐进式研究过程中，注重艺术与技术的结合，注重设计的视觉体验与个性表现。下面将通过两个案例进行详述，向读者分析服装面料设计主题的流程与方法。在项目教学的过程中，学生自主选择以个人或小组为研究单位，教师与学生一对一沟通，确保设计进程高效，整个创作过程灵活自由，张弛有度。

3.1.2 学习目标

（1）了解服装面料艺术开发设计的基础概念，基本掌握服装面料设计的基本特征和方法。

（2）帮助学生探索面料本身潜在的开发空间并获得对传统工艺继承创新的动手能力的训练，使所学知识更好地服务于服装设计。

（3）充分利用服装面料资源，对服装材料艺术设计进行积极思考，拓展更多的服装面料设计表现形式，丰富服装设计的艺术表现。

（4）运用主题教学法引导学生充分发挥主观能动性，积极思考，运用多创意方法与表现途径实现面料的创作效果。

（5）使用二维与三维的方法将面料设计运用于产品设计中。

3.1.3 能力要求

（1）具备分析问题和解决问题的能力。

（2）具备面料开发的理论知识与动手技能。

（3）具备动手操作与计算机软件表现的能力。

（4）具备对面料新知识、面料设计领域的学习能力和创新创意能力。

（5）具有自主能动性、可持续性学习及一定的创造性思维能力。

3.1.4 设计流程

该主题教学采用启发式辅导、自主性学习和交流式总结等方式。教学以主题教学为载体，以启发学生思维为原动力，以调动学生的积极主动性为目的。提倡生动活泼的教学方式，并将课堂讲授、情境教学、设计训练、展示交流等多种教学方法有机结合在一起，形成形式多样、各有侧重、共同作用的有效教学方法。具体流程为：小主题的理解与确定、文化导入、灵感源的确立、造型表达与实验、色彩研究、面料表达与实验、款式设计与呈现、样衣制作与调整、成衣制作与确定、拍摄风格的确立等。

3.1.4.1 理论学习

（1）色彩的提取与设计要点。
（2）成衣面料的种类与特点分析。
（3）成衣面料的创作手法分类与学习。
（4）主题性面料设计创作的要点与技术。

3.1.4.2 实践与应用

确定灵感源方向，建立设计目标。根据目标品牌的风格方向，寻找适合的主题灵感源方向，需要设计者对大设计领域有一定的认知能力，可以从天文、地理、人文、诗文、音乐、节气、历史、传统文化等方面寻找兴趣点，结合项目主题，确定兴趣点，可以以思维导图的形式来表达，思维导图的绘制就是思维发散的过程，围绕思考的核心问题将已知与新知进行重新认知和组合（图3-1）。

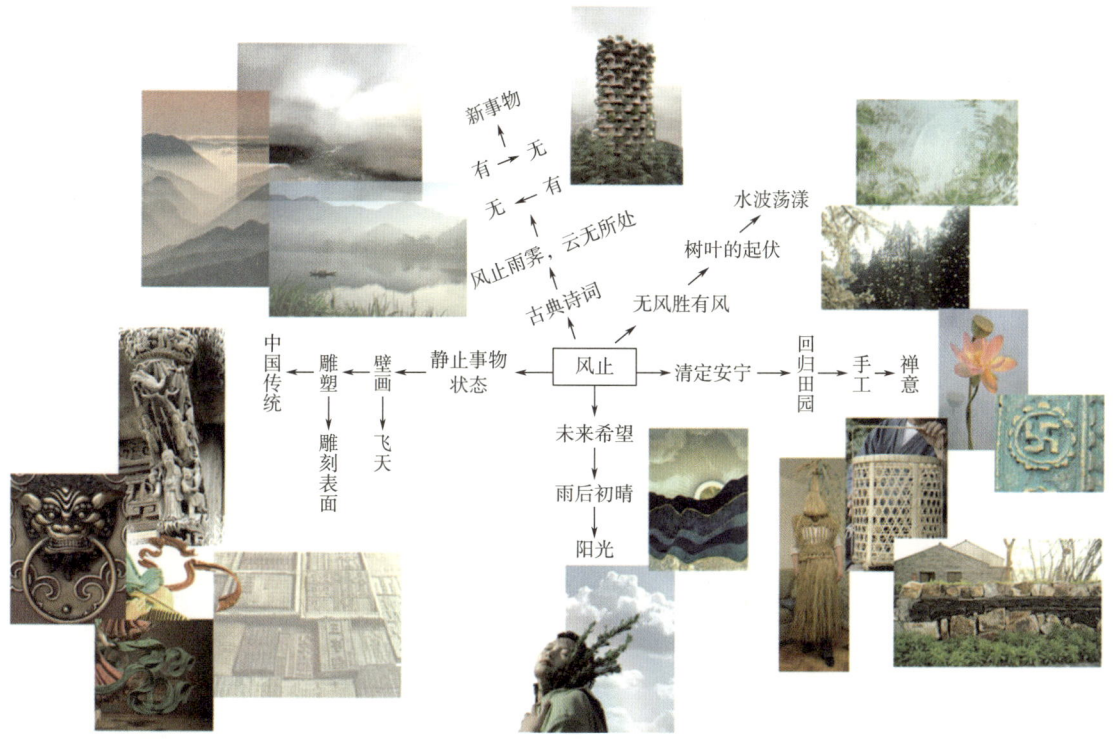

图3-1 主题思维导图

提取关键词。提取关键延展词汇，关键词2~4个，具有高度概括性、准确性。

表达设计元素。联想、捕捉创作灵感，根据主要关键词提取设计元素并通过多种方式表达。将这些概念化的元素转化为面料设计的材质、肌理、色彩、图案等，由浅入深完善设计的表达。

3.2 案例解析

经过团队成员的共同讨论，确定大主题为"Speechless"，这是一个中国传统文化当代化表达与呈现的主题，所以在思索面料设计表达主题时，延续大主题的概念。在大的主题方向下确定适合的小主题是设计工作的第一步。面对一个新的设计方向时，首先是快速有效地分析大主题的主导思想，理解主题意境，确定小主题时需要注意：第一，小主题与大主题有呼应关系；第二，小主题立意鲜明有创意；第三，小主题的选题可以为中国传统文化或是本土文化方向；第四，主题具有一定研究空间与拓展维度。

以下两个案例分别从主题确定、主题灵感来源、色彩分析、图案造型设计、面料设计实验、款式设计与表达、样衣与成衣制作及调整等方面来阐述。

3.2.1 案例解析一
3.2.1.1 主题确定

主题《南城烟雨》，这个主题主要立足于本土江南文化，苏城于历史风雨中飘摇千年，时光的流逝，洗涤了一砖一瓦留下的旧迹。江南旧舍、粉墙黛瓦、小桥流水在烟雨中处处流露出水乡斑驳的记忆，幽美静谧、孤寂忧愁，景与人达到了高度的默契与交融，共同形成了空灵旷远的艺术境界。

在这个主题的灵感源的筛选中，重点从姑苏建筑、烟雨意境、苏城风景三个不同的小方向入手选择典型灵感源图片。这三个小方向在主题意境与造型内容上既统一又互补，可以丰富研究的多样化，每个小方向各2～3张图片，提取关键词并进行造型表达（图3-2～图3-4）。

图3-2 灵感源1

图3-3 灵感源2

图3-4 灵感源3

3.2.1.2 造型研究与分析

根据灵感源以及关键词，思考造型表达的思路。这在主题研究中是非常重要的第一步，仔细观察灵感源中传递的造型信息，寻找各种可能性的方向，如表达的方式方法、材料的选择、表现技术的选择等。造型表达的目的是为主题研究打开思路，运用综合性材料快速有效地表达创意，为后期的面料设计提供有用、有趣的思路。根据姑苏建筑、烟雨意境、苏城风景等不同的灵感源做了大量的尝试。

姑苏建筑这个主题方向，抓住图片中粉墙黛瓦的造型特点，用点、线、面等设计语言来表达。材料选择各类纸，通过手绘、拼贴、揉皱、撕拉、机器缝线等手法实现造型特点。随着研究的深入，从具象表达至抽象表达，重点表达苏式建筑错落、疏密等对比关系，在形式上，对比与写意空间的表现是这个小主题一直关注的重点。在整体的表达中，高度概括且抽象地表达了苏式建筑的特点，让苏式风格建筑呈现简洁的当代视觉新感受（图3-5、图3-6）。

烟雨意境这个方向的灵感源主要为水墨江南的情景，在这个主题表达拓展时，将烟雨江南的意境结合中国传统水墨艺术，强化了烟雨江南写意特点。表现了江南特有的意境，具有独

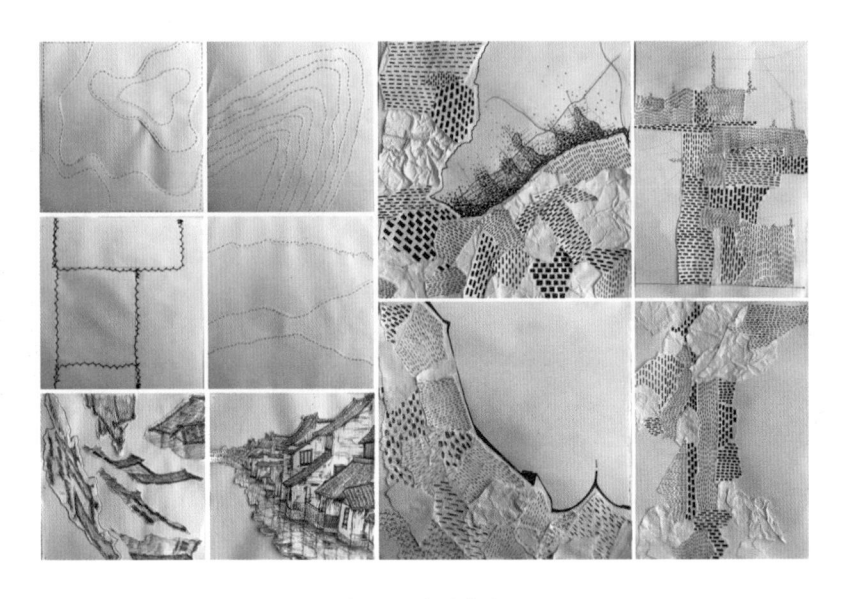

图3-5　造型表达1

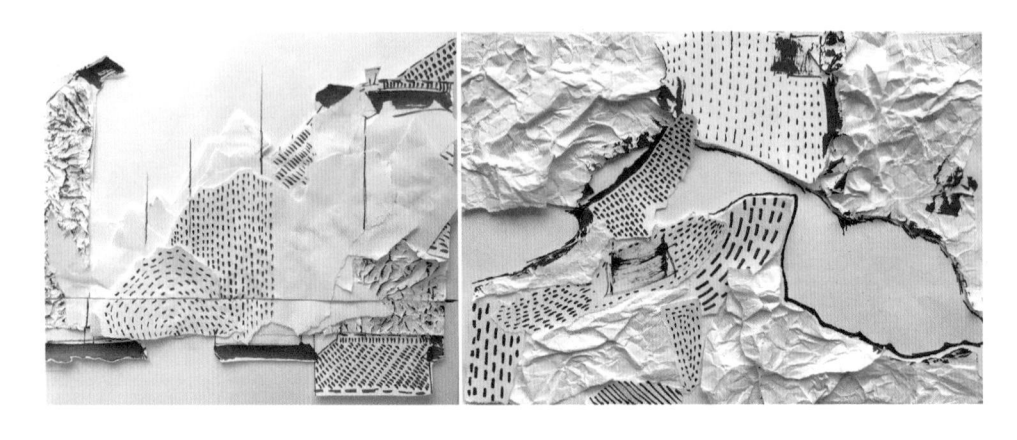

图3-6　造型表达2

特的艺术效果。造型表达分为前期、中后期两个阶段。前期造型表达是寻找表达感觉、感知材料的过程，在这个阶段需要充分发挥学生的主观能动性，开拓思维的宽度与表现手法的广度。在设计之初，学生会在不断尝试造型、材质中慢慢建立对主题灵感源表现的认知，此时的作品具有材质多样、思路宽泛的特点，也许想法并不成熟，但是开创性较高。这个阶段，尝试了泼墨、手绘晕染、破坏、镂空等快速表达方式，慢慢地寻找到合适的、理想的表达方式。中后期造型表达是建立在初期研究之上，在前期筛选出较佳的方案深入研究，在这个阶段主要解决两个问题：在新水墨表达的基础上如何表现空间上的浓淡与远近对比关系，另外在表达手法上是否区别于传统方式是此次表达的重点。总体来说，在设计过程中做了很多尝试，由形式简单到手法综合，由传统方式到结合现代设计语言，尤其在每一个设计作品构图上做了很多尝试，将深浅层次、点线面的对比表现得灵动独到（图3-7~图3-10）。

苏城风景这个主题方向上的灵感源表达，主要以江南水乡的生活情境作为设计点，以船舶、竹竿网及其他建筑作为设计媒介，表现江南民居的特色，江南不止于诗，更是一种

图3-7 主题灵感版

图3-8 造型表达3

生活。区别姑苏建筑和烟雨意境两个小主题，主要以图案来表达。前期造型重点从灵感源的标识性元素入手，将具象图案抽象化，将具有当代视觉感的几何块面穿插于风景图案中（图3-11～图3-13）。在平面图案中加入机缝、手绣等方法，加强图案的层次。

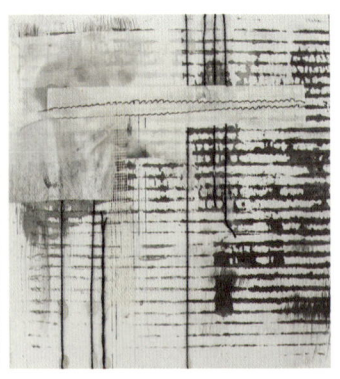

图3-9　造型表达4

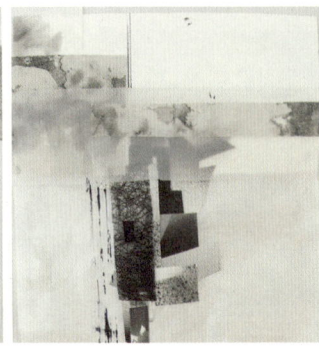

图3-10　造型表达5

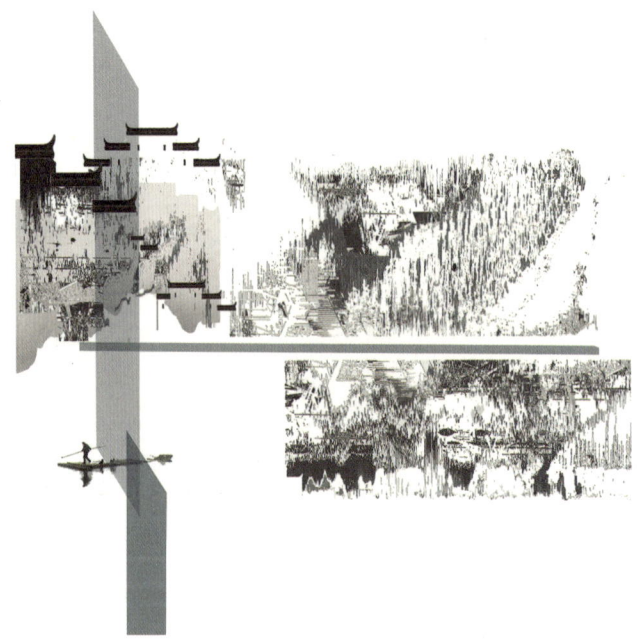

图3-11　图案设计1

图3-12　图案设计2

图3-13　图案设计3

3.2.1.3　色彩研究与分析

作为服装设计师而言，对于色彩的微妙变化及色彩的搭配需具有敏锐的直觉。在色彩的提取与搭配环节能有效训练其对色彩的感知能力、对色彩的运用能力。首先感知灵感源图片的色彩信息，详细全面地提取其中的色彩信息，提色材质的选择与提色方法根据灵感源而定,与灵感源图片传递的意境相符。这个主题下我们选取了哑光的纸张与水粉颜料,将图片中的色系归纳,将纯度与明度逐步提取,过程要求合理准确。通过快速地分解色彩与重组色彩达成多种配色方案。在色彩设计中,注意主体色彩与辅助色彩的搭配关系、色彩面积对比关系、提取色与流行色的关系、不同色彩块面组合的关系,完成色彩的再设计、再搭配(图3-14~图3-16)。

图3-14　根据灵感源信息提取色彩

图3-15　色彩提取过程

图3-16　色彩搭配实验

3.2.1.4 面料的设计研究

面料设计研究最终目的是通过面料的创新实验，将成熟的面料设计应用于服装设计中。在教学中，应注重基础知识的融会贯通，在对面料性能的了解、面料设计手法的合理运用与创新基础上，注重对视觉感受的培养，并建立起良好的设计感觉，融合面料设计的创造理念，由此形成个人的审美意念和设计思路。

姑苏建筑这个主题方向，根据前期的造型表达研究，提取优秀创意再深入面料创作中。造型表达中的建筑空间、虚实、肌理、构图、色彩、意境，通过面料方式表达出来。通过剪切、拼叠、手缝、机绣、珠绣等方法不断实验和再创造，最终实现面料设计的创新。如用白色基布面料作为主题的留白部分，造型研究中，黑色点线可以用不同的线迹表现，可以用快速机缝的方式体现，点的形状可以珠片缝来强调平面与立体的对比，在同色的面料处理上，可以用不同质地来增加透视虚实感，增加作品的空间感与层次感。在手缝的细节中还加入了珠光、哑光的不同质地与色感的珠片进行试验，表达平面与立体之间的维度效果（图3-17、图3-18）。

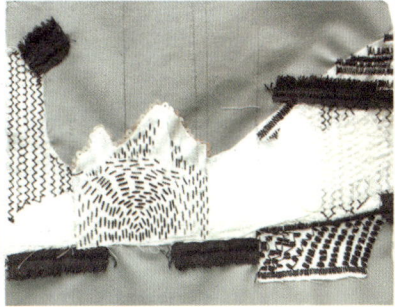

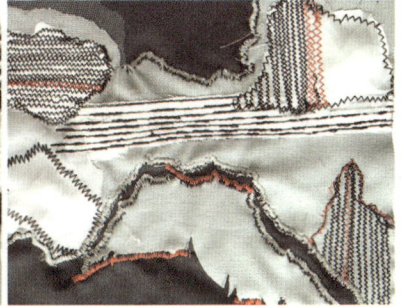

图3-17　面料设计1

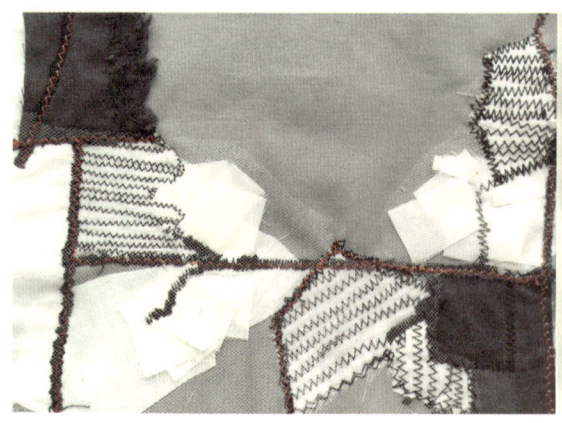

图3-18　面料设计2

烟雨意境的这个主题方向的面料设计重点需要将前期多个造型创意有效转换为面料设计。需要思考的问题有：第一，水墨创意的表达。水墨感如何打破传统、打破单一？首先思考如何区别于传统表达，我们将手绘晕染、点绘、数码喷绘等方法同时运用于在面料创作中，有效表达水墨灵活、自由、舒展的视觉效果。第二，纸张材料表达水墨容易，但是在面料上体现水墨的空间层次感成为难点。在面料选择上，采用实与透不同厚薄质感的面料组合运用，通过剪切、贴布绣、手绣、拓印等手法组合运用，体现图形创意维度上的空间感。第三，构图的综合运用。构图上采用国画的留白构图，强调密与疏、多与少、实与虚、聚与散之间的对比关系，强调主体、突出重点，通过大量的面料设计实验，为整体面料作品带来全新视觉的构图，既东方也国际、矛盾调和、形式新颖、效果突出（图3-19～图3-22）。

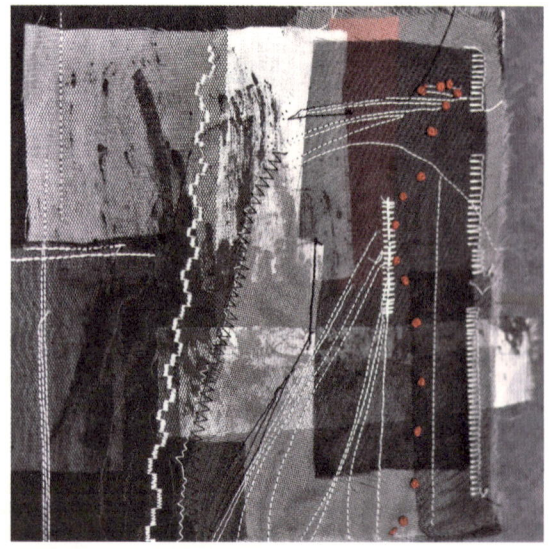

图3-19　面料综合设计1

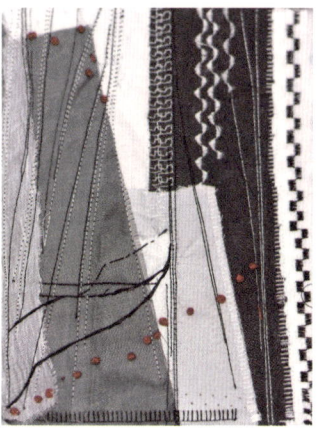

图3-20　面料综合设计2

图3-21　面料综合设计3

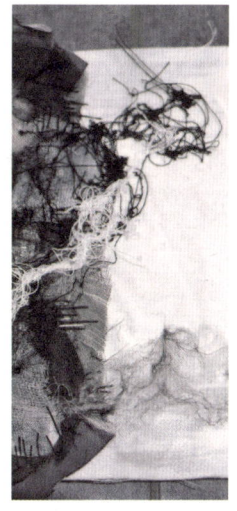

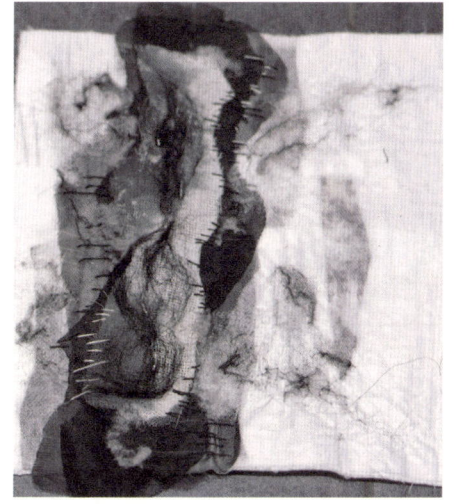

图3-22　面料综合设计4

苏城风景主题方向这个阶段重点是对图案的创作。对苏式风景进行解构组构、变形等处理。图案设计以原有形态为基础，在原型图案基础上再创新。对"苏城风景"拍摄的一手资料进行创新的重点是对原图进行二次抽象、二次分解、二次变形、二次组合，强调融合创新。要求设计师对传统图形气韵把握的同时结合当代设计语言，使其传统图形当代化、时尚化。该创作环节主要研究图形的架构、空间、光线、色彩、肌理等元素，借助软件技术，运用剪切、破坏、变形、夸张、虚幻、留白、嫁接、插穿等手法，不断实验和再创造，最终实现图形的创新。在图形创作定稿后，数码印、热转移印等方法转移印到面料上，并在平面图形的基础上用新苏绣的方法局部运用，在提升面料设计层次感的同时，强化图形的虚幻空间感，增加新江南的气韵（图3-23）。

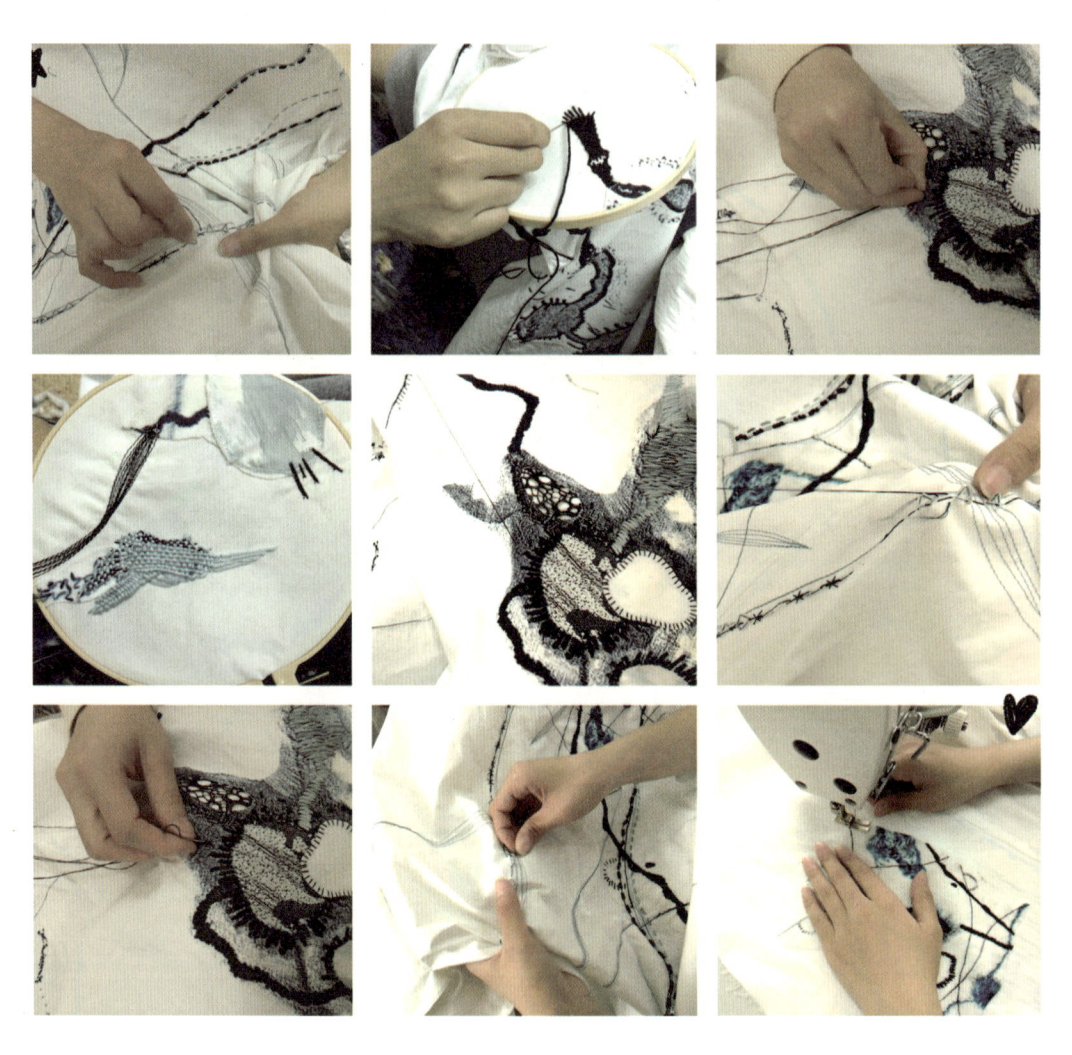

图3-23 综合手法在面料设计上的运用

3.2.1.5 款式设计与表达

系列服装设计以苏州桃花坞文化元素为切入点，整个系列的设计风格现代与传统的比重为7：3，是基于传统文化符号基础的大幅创新。在款式设计上，选择性地继承了中式典雅，体现简洁的中式风格。廓型以利落的A型为主导,宽松舒适无省道的结构处理,体现了东方平面式剪裁特点,内部细节保留传统服装的一些典型特征:高开衩、前襟交领、绲边工艺等;整个系列以黑白为主调,红色、蓝色等辅助色的运用打破了暗调的沉闷,激活了整个系列的灵性,为点睛之笔。

在款式设计之初,进行流行趋势的调研与整合很关键。这个过程的学习有利于学生在短期内对流行趋势强化学习,快速梳理有效信息并运用到款式设计中。在众多的调研品牌内容中,我们将款式分析的重点放在以下两个方面:第一,当下流行趋势的热点,调研重点突出、目标清晰;第二,结合本品牌的款式风格与特点,将之带入,有效地采集款式流行信息。本次主题设计调研时关注山本耀司(Yohji Yamamoto)、梅森·马吉拉(Maison Margiela)、Uma Wang等一些设计点突出,风格明显的设计师品牌,将款式、设计细节、创新工艺、图案设计做详细分析,并思考本季本品牌的设计重点:款式层次、内外搭配、结构设计、抽带、面料设计、创新工艺等都是本季款式中表现的重点与难点(图3-24~图3-26)。

图3-24 流行趋势参考1

图3-25 流行趋势参考2

图3-26　流行趋势参考3

在流行趋势研究的基础上进行款式设计（图3-27~图3-31）。运用发散思维，将最初的款式构思用多种方法快速记录下来（如手绘、计算机合成、款式剪贴等）。设计创意点确认后，再对款式进行修改、整合、筛选、确认，并延伸系列设计（图3-32、图3-33）。

单品设计时需要注意：

（1）设计点创意与市场需求的平衡关系；

（2）既有设计点，又紧扣主题需求；

（3）款式风格的形成与确立；

（4）风格统一、同一主题的产品可搭配性强；

（5）产品设计符合企划案的总体要求，色彩协调、风格一致。

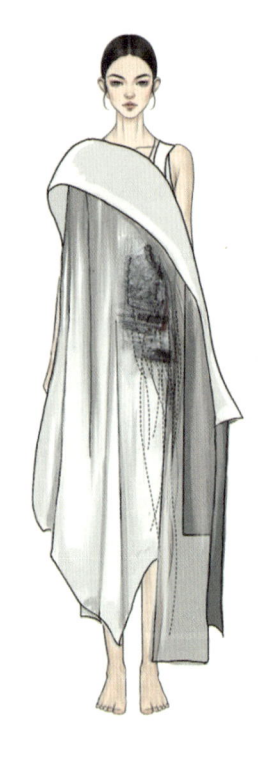

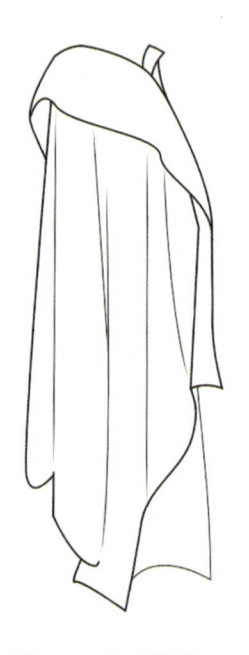

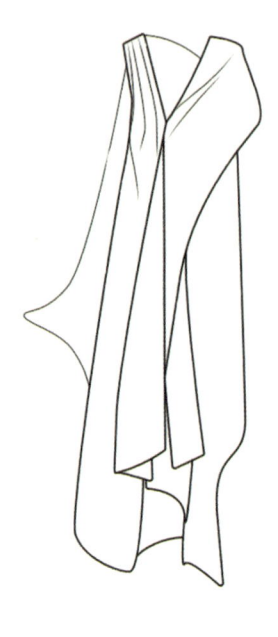

图3-27　款式设计1

图3-28　款式设计2

图3-29　款式设计3

图3-30　款式设计4

图3-31　款式设计5

系列款式延伸设计需要注意：
（1）从选定的基础创意点出发；
（2）系列款式色彩设计的能力；
（3）系列设计点变化协调的能力；
（4）相关图案、面料设计统一运用的能力；
（5）系列产品材质运用搭配的能力；
（6）系列产品可搭配的能力。

图3-32　系列款式设计1

图3-33　系列款式设计2

3.2.1.6 技术研究与实现

再优秀的设计都需要优质的工艺技术作为支撑。工艺技术的研究是设计实现的重要保障。这里的技术研究除了常规的成衣技术外,更重要的是关注创新工艺的研究、新型面料的缝制技巧、面料设计与成衣工艺的关系等(图3-34~图3-36)。

这一阶段研究需要注意:

(1)形成工艺分析单(造型结构分析、尺寸制定、重点工艺细节技术解析方案、面辅料小样);

(2)运用立体裁剪或是平面裁剪形成工业纸样;

(3)缝制可行性研究;

(4)确定技术方案、试制样衣;

(5)样衣试穿、修改、调整及确定;

(6)成衣的制作。

图3-34 成衣制作过程指导1

图3-35 成衣制作过程指导2

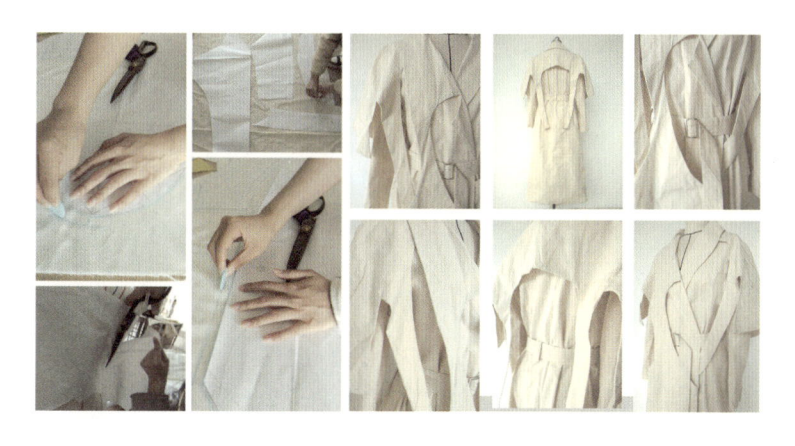

图3-36　成衣制作过程指导3

3.2.2　案例解析二
3.2.2.1　主题确定

案例灵感源于中国传统元素"水墨",墨分为黑白与彩墨,本次主题主要表现彩墨,主题名为"影无踪"。丰富的墨色层次与舒展的形态,浓似青云淡似烟,朦胧层叠,将传统元素与时尚相结合是本次主题设计的重点。深入主题分析,关键词归纳为:层叠、虚实、渐进（图3-37、图3-38）。

图3-37　主题灵感源图片

图3-38　主题策划版

3.2.2.2 造型研究与分析

确认灵感源后,进行造型研究,首先对灵感图片进行分析,图片中,点线面层次丰富。前期的表达手法与材料都运用了由单一到综合的渐进表达法。前期直观快速表达创意,用手绘、撕拉、晕染、层叠、机缝等多种手法快速获取创意表达,材料的选择上,由综合材质逐步过渡到纺织类材料(图3-39、图3-40)。

图3-39　主题造型表达1

图3-40　主题造型表达2

此阶段关注的重点：

（1）造型表达与灵感源图片信息的相关性要一致；

（2）造型表达技法如何突出造型关键点：层次、晕染、渐进、进退、意境；

（3）点、线、面在表达新水墨意境中的创新性研究；

（4）材料的选择、技术的表达创新点；

（5）造型表达如何突破材料、技术、传统视觉的屏障。

3.2.2.3 色彩研究与分析

为了得到准确的色彩，设计师可通过手工取色获得，在观察提色图片的过程中，能有效提高学生的色彩观测能力、色彩分析能力。在一张张试色、提色中能感受不同纸张所带来的材质与着色的不同效果。同时，对颜料配比、含水量、笔刷力度的综合把握可以形成丰富的色系。若要得到同一色系的不同色阶，可以在明度上逐步加色，使色彩过渡自然，从浅至深。得到完整色系后，将不同色彩进行组搭实验，这个过程能快速、有效地提升学生对色彩的感知能力和运用能力（图3-41、图3-42）。

图3-41　灵感源图片的色彩提取

图3-42　色彩的搭配设计

这个过程需要注意：

（1）色彩提取的载体与主题灵感意境的一致性；

（2）提取色彩时，色系全、色相准；

（3）色彩搭配时，考虑主辅色的关系、色相面积、色相之间的配比关系；

（4）色彩搭配实验时，思考配色设计与流行运用的关系；

（5）色彩搭配的成果具有实验性、时尚性、独到性。

3.2.2.4 面料设计研究与分析

从造型表达到面料设计转换，是一个至关重要的环节。在造型表达的众多创意中选择优质方案进行面料设计延伸，强调面料设计的精度与深度。在这个设计过程中，大量分析国内外服装艺术设计大师或国内外优秀纤维艺术的作品，在分析的过程中，让年轻设计师了解并掌握面料设计的综合手法及艺术特点；同时，重点调研1~2个服装品牌，分析面料开发对服装设计的重要意义，深刻理解面料设计的独到之处并运用于自身主题的创作中。

这个主题面料设计转换的难点有：

（1）造型表达中的透视、层叠的空间感的转换；

（2）面料材质的选择，需要材质的多样化；

（3）面料设计的创意技法与工艺并进，强调面料设计手法的独创性；

（4）面料设计既要符合主题，兼具大效果的同时还需要把控细节，强调设计构图、制作工艺。

在创作过程中，为了体现前期主题中的层次多变、虚实渐变的意境，在多个工作室，如丝网印工作室、绣花工作室、工艺工作室、染织工作室，结合手绣、机绣法拼贴、绗缝法、盘编、抽纱、透叠法、缀饰、镶嵌法、织物破坏、物理化学后处理法等多种手法来实现最佳效果。在这个过程中，年轻设计师充分发挥主观能动性，不断解决设计困难的同时迅速掌握面料设计的技法，在创意与技术实现中不断调整设计并呈现，快速有效地提升了自己的面料设计的综合能力。这是设计师能力快速养成的阶段，同时也是成果丰硕的过程（图3-43）。

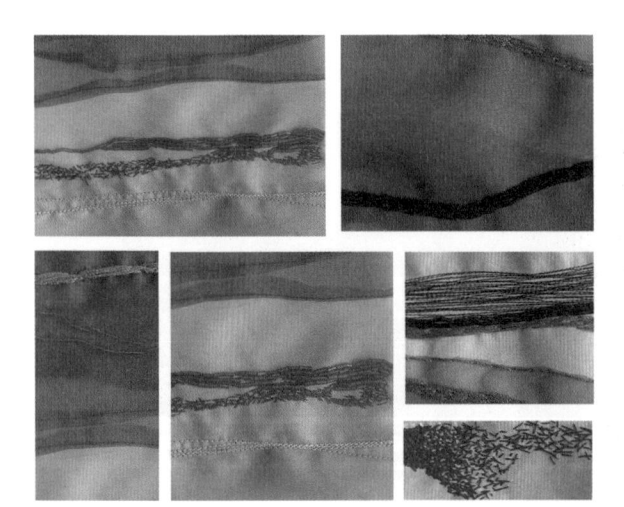

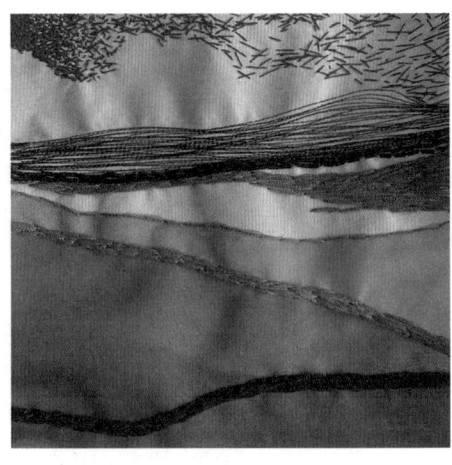

图3-43　面料设计1

制作材料：米白色泰丝面料、浅蓝色真丝面料、黑色缝纫线、深蓝色绣线、蓝白色花线、黑色亚光管状珠子、蓝色珠光圆形珠子。选用米白色泰丝面料作底色象征整体泼墨，将黑色、深蓝色的线缝制底布上，将底布进行分割，象征着泼墨的块面感。将浅蓝色真丝面料剪裁成大小不一的块面，用深蓝色绣线缝制于底布上，增加块面的层次感与错落感。用深蓝色的绣线进行打籽绣，疏密不均的手工缝制在底布上，丰富整体的画面。纵向交错的线条、丰富的颜色与随机组合的形态，给人以自由、想象的空间。恰到好处的氛围，既有力度，又充满了韵律的美感（图3-44～图3-46）。

图3-44　面料设计2

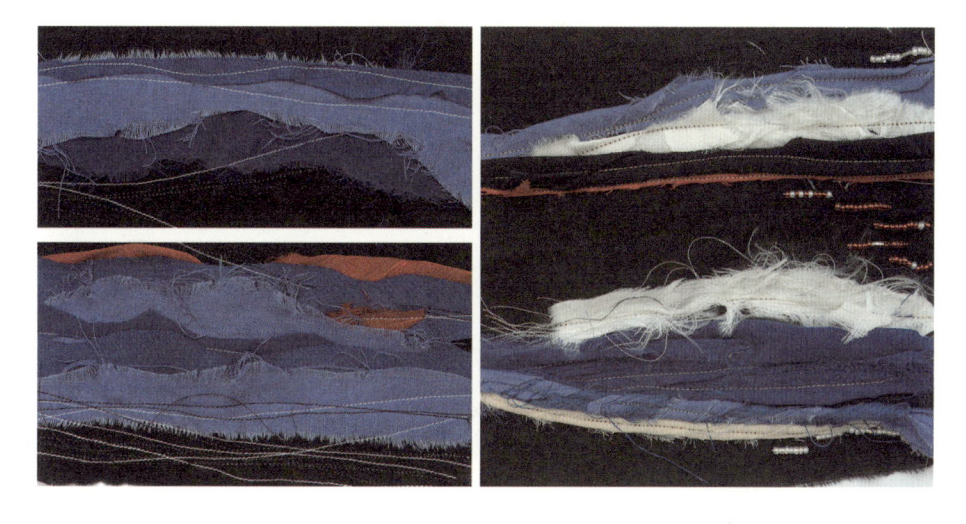

图3-45　面料设计3

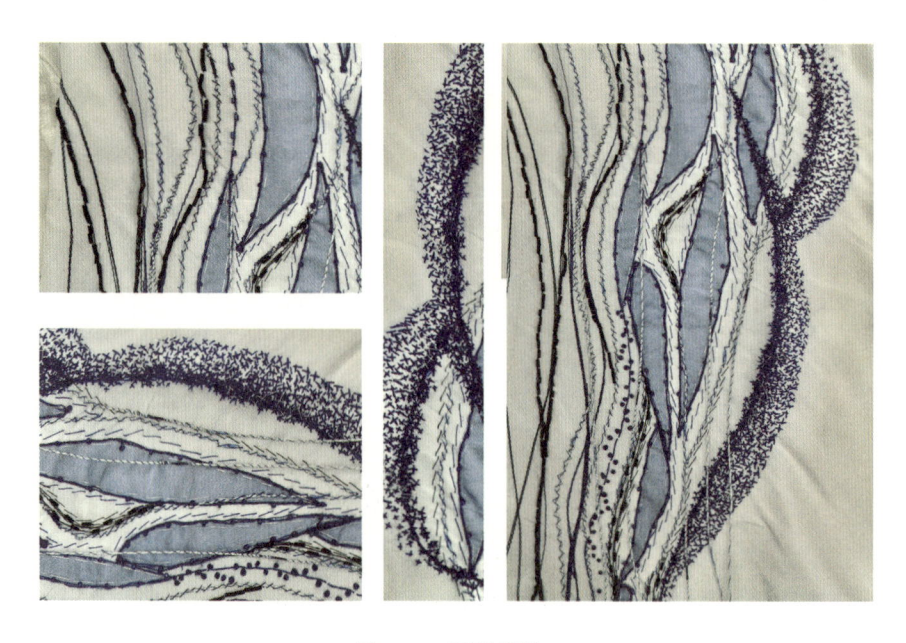

图3-46　面料设计4

3.2.2.5　款式设计与表达

在面料设计时，设计师已经对想要表达的款式类型有一定的心理预估，款式设计表达阶段确定的款式方向为春夏裙装。在款式调研中，寻找很多与主题表达意境相符的时尚趋势图片，以线条飘逸、层次分明、结构设计点突出的服装款式为主。在众多款式中寻找自己的方向，最终对山本耀司（Yohji Yamamoto）品牌的服装设计风格进行重点学习，其在2022—2023春夏系列时装周的整个系列裙装的层次、转折、结构给予项目系列款式设计很多灵感。垂坠、层叠、缠绕等手法，将女性曲线覆盖于中性化的裙装下，也正是本系列想突出的重点，在明确风格后，结合最新的流行设计细节与工艺，用手绘与计算机表达快速绘制草图（图3-47～图3-49）。

图3-47　系列款式草图设计

图3-48 系列款式设计1

图3-49 系列款式设计2

此阶段需要注意以下几点：
（1）对款式风格的研究与确定；
（2）最初款式构思的多路径；
（3）确定关键设计点并有效延伸；
（4）款式系列感的准确性；
（5）款式表达与主题表达、品牌风格的一致性。

3.2.2.6 技术研究与实现

在众多款式草图中挑选出最终成衣的款式，为了更好、更快地完成款式样衣，确保效率与正确性，选择小型人台立体裁剪的方式，可以快速看到成衣的效果，以便对款式进行及时调整与修正。立体裁剪设计过程是一个快速、有效的创作过程，根据选定款式图进行设计，在立体裁剪设计过程中，运用面料的悬垂、走向、体量等关键点进行灵活处理，不断修正提升款式，最终形成最佳方案（图3-50~图3-54）。

图3-50　系列款式立体裁剪设计

图3-51　系列款式样衣制作1

图3-52　系列款式样衣制作2

图3-53　成衣拍摄准备

图3-54 成衣拍摄

此阶段需要注意以下几点：
（1）根据确定的款式，选择适合的样衣坯布质地，原则是最大化接近成衣质地；
（2）1：2小型人台样衣确认后，转换成1：1人台样衣，以确保最终效果；
（3）样衣的工艺标准以成衣工艺为执行标准；
（4）成衣面料设计的工艺处理、设计比例、实施效果需思考与成衣的关系；
（5）成衣确认后，思考成衣的系列感并及时调整配饰与成衣的关系；
（6）配饰与成衣的关系并考虑拍摄的风格。

第4章
SGM ART · MOUSE JI 之针织工艺设计

4.1 学习目标与流程

服装设计从材质上可以分为机织服装设计和针织服装设计,第2章和第3章是从机织服装设计的角度来探讨服装设计的流程和方法,机织服装设计方法也适用于针织服装设计。针织服装不仅质地松软,有良好的抗皱性与透气性,还有较大的延伸性与弹性,这是由于其独特的材质和工艺特征形成的。因此,与机织服装设计相比,针织服装在设计的各个环节中不能完全按照机织服装设计的思路进行。"灵感的转化""组织的创新""廓型的表达""工艺的实现"四者密不可分,有时又相互制约,在设计上会有一定的限制,但正因如此,也产生了更多的可能性。

4.1.1 项目介绍

本章以两个案例来分析如何基于现有品牌风格进行编织成型类的针织服装设计。从主题教学法入手,通过品牌调研和对设计主题的理解,对设计元素的发散性思维,以及对针织组织造型的多样性进行思考,同时结合不同性能、材质的纱线,最终呈现出符合主题要求的创意设计作品。在设计过程中,学生要自主操作机器进行针织面料的设计实验,这需要权衡设计创意和工艺实现度两者之间的关系。优秀的设计创意需要工艺去实现,但并不是所有的创意都能实现,如果不能实现,则需要从工艺的角度去调整设计,这也是编织成型类针织服装设计的重点和难点。

4.1.2 学习目标

(1)掌握针织服装设计的调研方法。
(2)了解编织成型类针织服装设计的基本流程与方法。
(3)能够根据提炼的主题元素开发针织面料。
(4)掌握针织组织结构的设计方法。
(5)掌握针织服装系列款式的设计方法。
(6)掌握针织服装的结构制图原理,精确绘制出系列款式的结构制图。

4.1.3 能力要求

（1）根据既定主题独立开发系列针织面料的能力。
（2）将针织组织的不同表现手法创新地应用于针织服装设计中的能力。
（3）系列针织服装设计的能力。
（4）准确表达设计想法的能力。
（5）针织服装板型制作、针织缝制的能力。

4.1.4 设计流程

针织服装开发是一个全流程的开发过程，包括对纱线的选择、针织组织设计、款式设计以及如何将设计的组织小样合理地运用在针织服装款式中。纱线的选择和针织组织设计是针织服装设计中最重要的环节之一，本项目主要采用纬编针织物进行设计。因此，需要在进行设计之前，对纱线与纬编针织组织和针织服装的特性等方面有比较全面的认识。

4.1.4.1 理论学习

（1）针织纱线的种类。针织产品所用纤维种类有很多，通常可分为天然纤维、再生纤维和合成纤维三大类。

①天然纤维。

棉纤维：为天然纤维素纤维。纤维柔软、吸湿性好、保暖性好，可纺制较细的纱线，不会令皮肤产生不适的感觉，因而主要用于针织内衣如汗布、棉毛布、绒布、毛圈织物等各种贴身服用的针织产品中。在针织服装中，棉纤维应用范围最广。

毛纤维：天然动物毛发纤维用于针织的主要有绵羊毛、山羊绒、驼绒、牦牛绒和兔毛等。除了少量在圆机上生产匹布产品外，大部分用于在横机上生产成形毛衫类产品，一般统称为羊毛衫。

绵羊毛纤维弹性好、吸湿性强、保暖性好，不易沾污，光泽柔和，编织的成品质地平整光滑、纹路清晰；山羊绒具有细、轻、软、糯的特点，保暖性好，成为毛针织行业的高端原料；其他如牦牛绒、驼绒等同样具有优良的外观效果和服用性能，也是毛针织行业的高端原料。

丝纤维：天然蚕丝纤维是高档纺织原料。其制品具有轻薄柔软、光泽柔和、手感丰满、吸湿透气的特点及飘逸华丽的风格，穿着舒适。但由于丝纤维易皱、牢度略差等特点，在针织生产中所用的蚕丝原料现在以混纺为主。

麻纤维：是一种韧皮纤维，种类较多，在针织中应用较多的主要是苎麻和亚麻。麻纤维具有吸湿好、散热快、透气性强、穿着舒爽且牢度强等优点，但麻纤维的柔软性差、抗皱性差、穿着有刺痒感。因此，在针织生产时需对其进行必要的变性和柔软处理，以提升纤维的稳定性，利于编织。

②再生纤维：采用天然纤维素为原料，经加工再生而成的。再生纤维取自天然材质中的纤维素，具备天然材质的特性，具有环保特点，受大众青睐。再生纤维种类多，下面仅列举几种常用纤维。

天丝具有棉纤维的吸湿和舒适性与真丝的滑爽悬垂、透气性，是一种结合了天然纤维和化学纤维优点的环保型纤维素纤维；莫代尔（Modal）纤维手感柔软、悬垂性好、吸湿性强、服用性能稳定，穿着舒适；竹纤维具有较高的强度，良好的耐磨性、尺寸稳定性，面料悬垂性好、舒适性好，具有优良的吸湿性、放湿性和透气性，穿着凉爽、舒适。

（2）纬编组织的特性与用途。

纬编组织：基本组织有纬平针组织、罗纹组织、双罗纹组织、双反面组织；花色组织有提花组织、集圈组织、添纱组织、衬垫组织、衬纬组织、毛圈组织、纱罗组织、波纹组织、横条组织等。这些不同的组织具有不同的特性与用途。

①纬平针组织：具有线圈歪斜、卷边性、脱散性、延伸性的特性，织物轻薄、纱量少，是其他单面花式织物的基础组织。

②罗纹组织：在横向拉伸时，具有较大的弹性和延伸性，一般用于边口部，特别是衬入氨纶等弹性纱线后，织物的弹性和延伸效果较好。

③双罗纹组织：由两个罗纹组织复合而成，因此在未充满系数和线圈纵行的配置与罗纹组织相同的条件下，其延伸性较罗纹组织小，尺寸稳定性好。

④双反面组织：织物在纵向拉伸时具有较大的延伸度，使织物的纵横向延伸度相近。与纬平针组织一样，双反面组织在织物的边缘横列顺、逆编织方向都可以脱散。

⑤提花组织：由于组织中存在浮线，因此横向延伸性较小。由于提花组织的线圈纵行和横列是由几根纱线形成的，因此它的脱散性较小，织物较厚，单位面积质量较重。提花组织一般几个编织系统才编织一个提花线圈横列，因此其生产效率较低，且色纱数越多，成本越高。

⑥集圈组织：花色变化较多，利用集圈的排列和不同色彩与性能的纱线，可编织出表面具有图案、闪色、孔眼及凹凸等效应的织物，使织物具有不同的服用性能与外观。

⑦添纱组织：其线圈的几何特性基本上与地组织相同，在用两种不同的纱线编织时，织物两面可以有不同的色彩或服用性能；当采用两根不同捻向的纱线进行编织时，还可以消除单面针织物线圈歪斜的现象。

⑧衬垫组织：可通过起绒形成绒类织物。起绒时，衬垫纱在拉毛机的作用下形成短绒，提高了织物的保暖性，采用不同的垫纱方式和花式纱线还能形成一定的花纹效应。

⑨衬纬组织：主要通过衬入纬纱来改善和加强织物的某一方面性能，如横向弹性强度、延伸性、稳定性及保暖性等，若采用弹性较大的纱线作为纬纱，可在圆机上编织圆筒形弹性织物或在横机上编织片状弹性织物。

⑩毛圈组织：经剪绒和起绒后可形成天鹅绒、摇粒绒等单双面绒类织物，从而使织物丰满、厚实、保暖性增加。由于毛圈线圈和地组织线圈是一种添纱结构，因此它还具有添纱组织的特性。

⑪纱罗组织：可以形成孔眼凹凸、线圈倾斜或扭曲等效应。可以利用纱罗组织的移圈原理，来增加或减少工作针数编织成形针织物，或者改变织物的组织结构，使织物由双面编织改为单面编织。

⑫波纹组织：可以根据花纹要求，由倾斜线圈组成曲折、方格及其他几何图案。由于波纹组织只能在横机上编织，因此主要用于毛衫类产品。

⑬横条组织：由于线圈结构和形态没有发生任何变化，所以其性质与所采用的基础组织相同。横条组织的外观效应取决于所选用纱线的特征。

（3）针织服装的特性。

①伸缩性：针织面料具有良好的伸缩性，在服装款式设计时可以最大限度地减少为造型而设计的接缝、收褶、拼接等。另外，针织面料一般也不宜运用拔烫的技巧造型，而应利用面料本身的弹性或适当运用褶皱手法的处理来贴合人体曲线。因此，面料伸缩性的大小成为在样板设计制作时的一个重要的依据。

②延伸性：针织服装根据采用的面料结构的不同，若弹性特别大的面料（与采用的纱线和组织结构有关）设计样板时不但不留松量，它的样板尺寸既可以和人体的围度尺寸相同，也可以考虑弹性系数而缩小尺寸。

③卷边性：卷边是由于织物边缘线圈中弯曲的纱线受力不平衡，在自然状态下力图伸直所引起的，是针织物的不足之处。但可以利用这种卷边特性来设计一些特殊的织物结构，做到反弊为利，如将其设计在样板的领口、袖口处，可使服装得到特殊的风格，特别是在成型服装的编织中，还可以利用其卷边性形成独特的花纹或分割线。

④脱散性：针织面料在风格和特性上与机织面料不同，其服装的风格不但要强调面料的优点，更要克服其缺点。由于针织面料具有脱散性，因此，样板设计与制作时要注意针织面料不宜运用太多的夸张手法，尽可能不设计省道、切割线，拼接缝也不宜多，为防止发生针织线圈的脱散而影响服装的服用性，应运用简洁、柔和的线条，与针织品的柔软风格协调一致。

4.1.4.2 实践与应用

本项目实践的设计流程为：设计调研、确定设计定位、主题内容的概念提取、针织面料创新设计、系列成衣设计制作。

4.2 案例解析

4.2.1 调研分析

4.2.1.1 设计调研

SGM ART·MOUSE JI 品牌一直以机织服装的开发为主，针织服装仅是以搭配的形式出现，但在第二季的产品开发中，针织服装以系列成衣的形式单独出现，比例占当季总产品开发的三分之一。因此，设计调研是第一步，调研任务分为品牌调研和面料调研两部分。

由于本项目是针织服装系列开发，因此在设计调研的环节中，主要分为三个步骤：一是对 SGM ART·MOUSE JI 品牌往季的产品进分析整理；二是对与品牌风格理念相近的品牌进行调研；三是对针织面料开发涉及的纱线、材料等进行调研。

4.2.1.2 对 SGM ART·MOUSE JI 品牌往季的产品进行调研分析

基于品牌理念，在进行设计之前，项目组成员从款式、色彩、材质、针织组织结构四个维度分别调研了 SGM ART·MOUSE JI 2019ss—2023ss 的时装发布会。五季时装发布会近450套时装，针织服装占比不足15%，款式以长袖或无袖的长款A型外套为主，并与机织连衣裙或上下套搭配形式出现；色彩以黑、白素色为主；纱线材质以棉、麻、透明丝为主；针织组织以平纹、镂空为主。从往季的时装风格来看，整体服装的廓型以A型为主，大廓型的面料运用使服装整体形成飘逸洒脱的视觉效果；不对称的结构设计让整体造型产生更丰富的层次感；若隐若现的图案点缀让服装更为灵动。通过对往季机织服装的设计特点的总结，可以确定，针织服装设计的重点应放在对针织组织的创新设计中，因为产品设计主要为春夏时装，针织组织要具备轻薄、透气的质感的同时，还能够体现出中国传统文化元素特征，做到既现代又东方。

4.2.1.3 对 SGM ART·MOUSE JI 的跟踪品牌进行调研分析

项目组通过对王汁（Uma Wang）、吉尔·桑达（JIL SANDER）、THE ROW、江南布衣（JNBY）等品牌近3年的秀场服装进行分析整理。按照服装上市季节分为早春、初夏、盛夏3个时间节点，以服装的整体造型和设计点为切入点，归纳整理。

调研品牌的整体特点是：阳刚中带有柔和，婉约中不失刚毅，廓型强调轻快质感与几何线条的交相呼应，并有意打破平衡，在凸显轮廓的精致剪裁与丰富的叠穿层次之间形成鲜明对比。对主题元素的诠释并没有在视觉上进行强调，而是选择了折中的表达方式。早春以长袖或九分袖的多件套穿搭为主；初夏以中袖和短袖的连衣裙或是上下装为主；盛夏以无袖、短袖的轻薄型连衣裙及宽松裤子为主。具体到每一套造型的搭配及每一款的设计点通过表格的形式将其罗列出来。分析可见，每一个款式的设计点集中在服装的某一个局部，如袖子镂空处理、背心不规则下摆设计、裤子拼接手法、领口抽褶工艺等，而其余部分没有过多的设计点，让视觉重点停留在一处，有效地强化了设计要点。在系列设计中，为了体现每套服装的系列感，从面料、设计点、色彩方面相互呼应，从而产生较强的系列感。在整体的造型搭配中，设计重点往往只在内搭、外套、上装或下装等某一个款式中局部体现，避免了整体造型过度设计。经过对风格理念相近的品牌进行调研总结：在项目的实施过程中，应该注意到季节的不同而规划薄厚程度不同的针织组织和服装款式；在针织组织的设计中，要避免过度设计，突出针织面料组织设计，需要简化款式、突出重点（表4–1）。

表4–1 江南布衣（JNBY）品牌秀场款式分析

套	款式细节	季节
1	长袖针织连衣裙（设计点：前袖肘）	早春
2	无袖背心（设计点：不规则下摆） 宽松小脚七分裤（设计点：拼接）	初夏
3	V领长袖衫（设计点：宽松） 牛仔五分宽松阔腿裤（设计点：浅蓝水洗/宽松）	初夏
4	无领七分长衬衫H型 白色针织内搭（设计点：领口褶皱）牛仔七分男友裤	早春
5	连身V领七分裤裙小A型（设计点：宽松阔腿）	盛夏
6	V领九分袖衬衫 长裤（设计点：腰部袖子系带）	早春
7	拉链西装外套（设计点：袖口中间开拉链） 合体V领内搭裙（设计点：光泽感）黑色牛仔长裤	早春
8	V领八分连衣裙　小A型黑色长裤	初夏
9	中袖长衬衫（设计点：正面缝制针织几何小样，背面悬挂衬衫）直筒裤	初夏

续表

套	款式细节	季节
10	褶皱长外套H型（设计点：褶皱面料+背后刺绣贴）长裙内搭A型	早春
11	印花连衣裙七分小A型（设计点：印花图案）	初夏
12	中袖丝质连衣裙五分（设计点：分割线+褶皱）	盛夏
13	棉质西装七分外套（设计点：扣带连接）	早春
14	七分连衣裙H型（设计点：面料拼接和镂空）	早春
15	黑色V领八分连衣裙A型（设计点：不规则下摆）	盛夏
16	衬衫印花连衣裙六分 黑色合体裤（设计点：裤腿飘带）	早春
17	黑色长款西装外套六分H型印花内搭西装裤	早春
18	深领长衬衫七分（设计点：开襟在侧边+长宽袖）内搭	初夏
19	针织连衣裙七分小A型（设计点：褶皱小样）	初夏
20	连体裤（设计点：袖子附近图案+褶皱裤）	盛夏
21	针织长裙小A型（设计点：袖子镂空）	盛夏
22	褶皱连身裙八分H型同色系宽松裤	盛夏
23	八分长西裤合体八分裤	早春
24	肩部镂空西装上衣（设计点：一侧肩部镂空）宽腿裤	早春
总计	24套	

4.2.1.4 针织面料开发涉及的纱线、组织等的调研

项目组在经过了对 SGM ART·MOUSE JI 品牌往季的产品进行分析和对与品牌风格理念相近的品牌进行调研后，基本确定了系列针织服装的风格方向，开始对针织面料开发涉及的纱线、组织进行调研。调研的主要路径是时尚资讯网站，如www.WGSN.com；www.diction-style.com及线下国际纱线展。在调研过程中，主要收集质感清爽、有骨感的天然纤维纱线、透明的纱线和能够体现出轻盈、飘逸、通透感、层次感的针织组织，以便在之后的设计实施环节中使用（图4-1）。

图4-1 面料的市场调研

4.2.2 案例解析一
4.2.2.1 主题确定

主题《踪迹》的灵感来源于安集海大峡谷，其发源于天山山脉，经过长年自然雨水冲刷，形成蜿蜒曲折的地质奇观。将自然造型与当代服饰设计相结合进行主题创作，意义深远。通过自然映射到服装上，展现自古以来根植于东方传统文化中"天人合一"的理念。

作为项目学习者，首先理解"踪迹"的含义。从名词解释来看，"踪迹"就是行动所留下来可观察的形迹。在本主题研究中，峡谷中呈现的线性形态，都可以理解为"踪迹"。学习者从自我理解角度出发，大量地收集灵感源图片，包括直接灵感源图片、灵感源造型辅助图片（可以是空间线条、流线建筑线条、植物脉络等）。在广泛收集资料的基础上，对灵感素材进行分类整理，共分为两大类灵感源素材（图4-2~图4-4）。

图4-2 直接灵感图片"安集海大峡谷"

图4-3 灵感辅助图片1

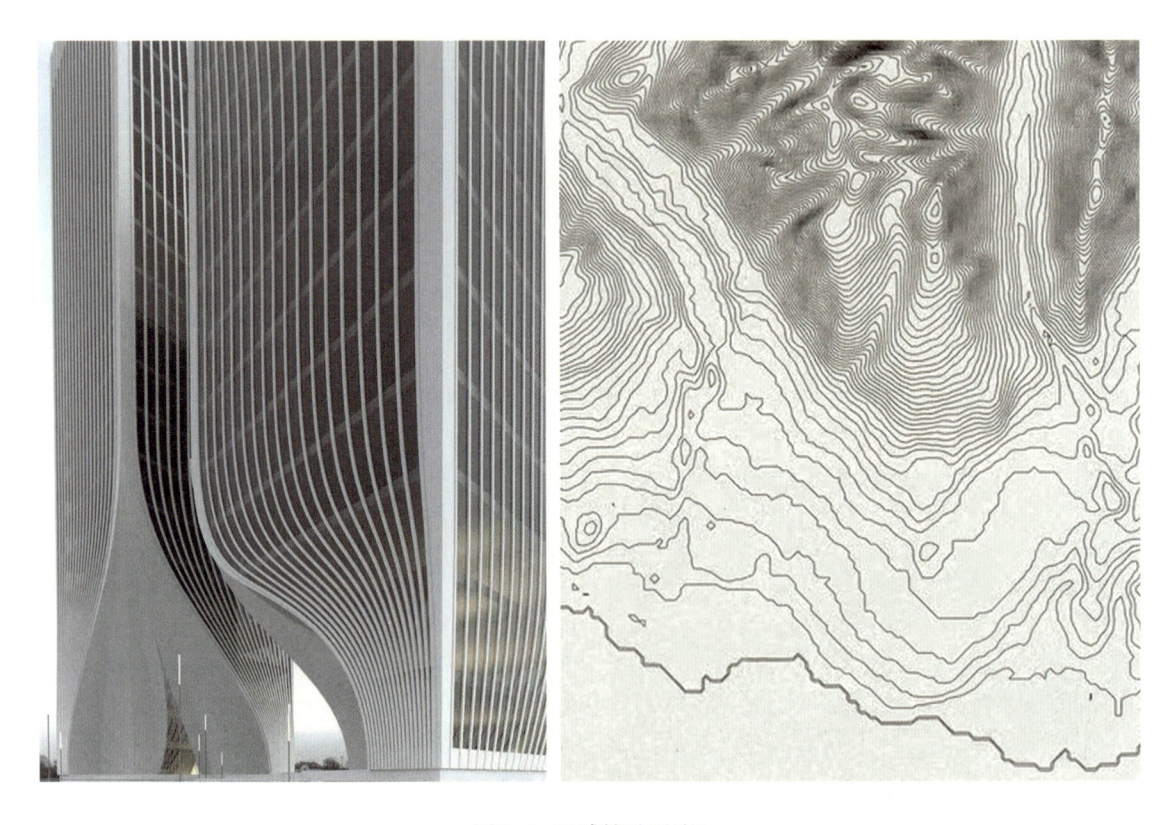

图4-4　灵感辅助图片2

4.2.2.2 造型研究与分析

主题确定之后，项目组对主题进行了分析，明确了"蔓延、堆叠、褶裥"三个关键词，并围绕关键词从不同方向深入研究，从平面拓展到立体，材料及手法由单一逐渐多元化，层层递进，表达出自然、和谐的东方韵味。

（1）关键词："蔓延"。

利用马克笔、水彩颜料来体现河流自由流淌的形态，利用河流周边的不同材质来衬托出河流的形状，用特殊材质来营造河流中石块的肌理，同时用刺绣的手法来表现河流自由流淌的质感（图4-5～图4-7）。

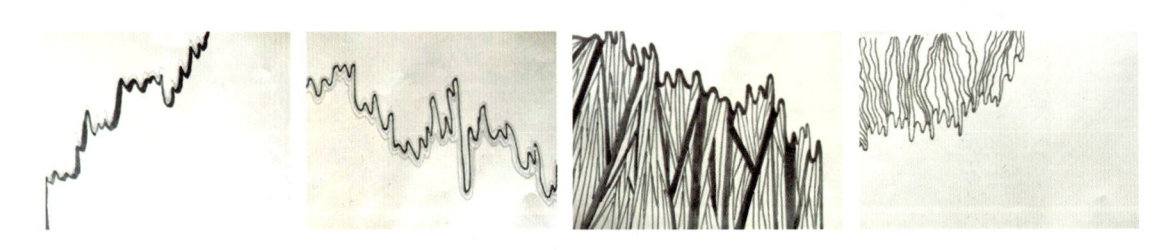

图4-5　使用马克笔绘制的河流蔓延形态

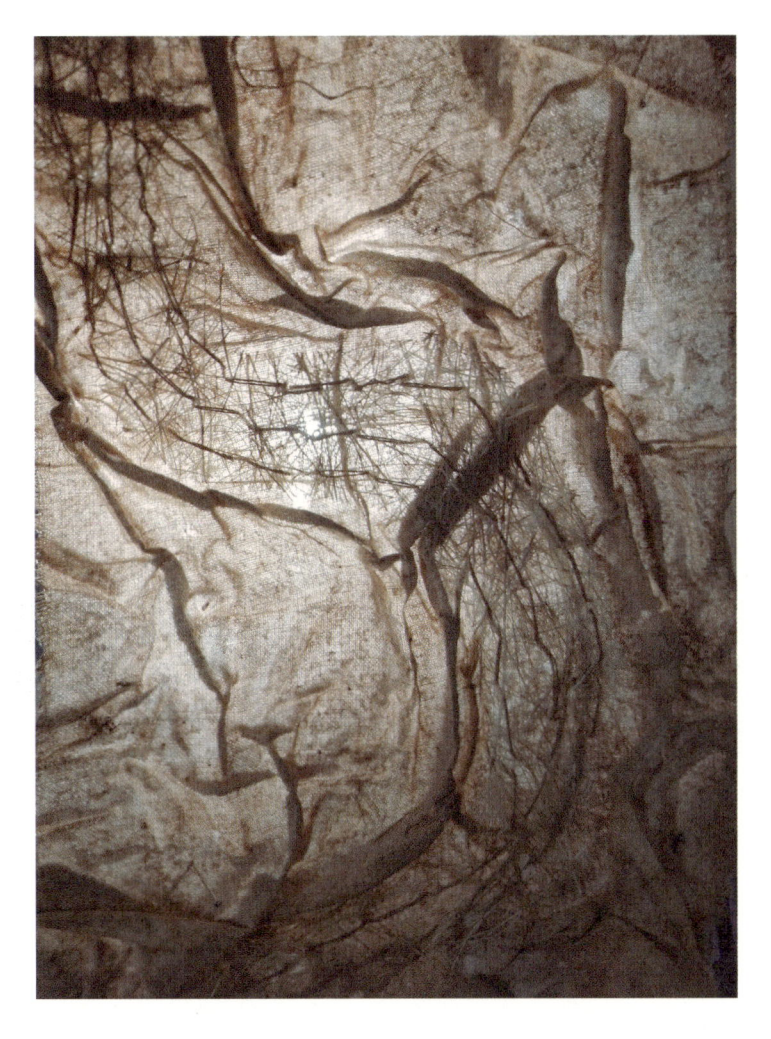

图4-6 使用纱布制作的河流蔓延形态

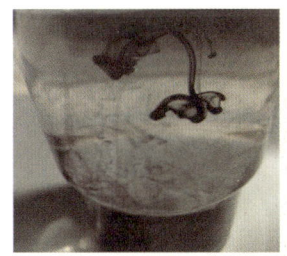

图4-7 使用墨水表达的河流蔓延形态

（2）关键词："堆叠"。

根据灵感源中的陡峭螺旋的形状构思出一个模型，从正面看是流动的线条，从侧面看是纵深的空间，实现了从二维平面向三维立体造型的转化。使用层叠的纱堆叠出一种朦胧感，并利用光影营造波光粼粼的视觉效果，从而表现出东方美学朦胧、含蓄之感（图4-8、图4-9）。

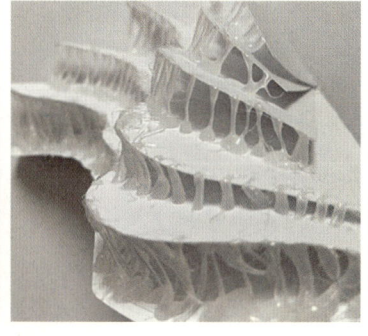

图4-8　使用卡纸和热熔胶表现堆叠

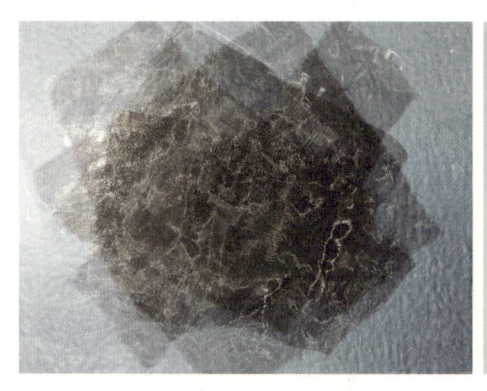

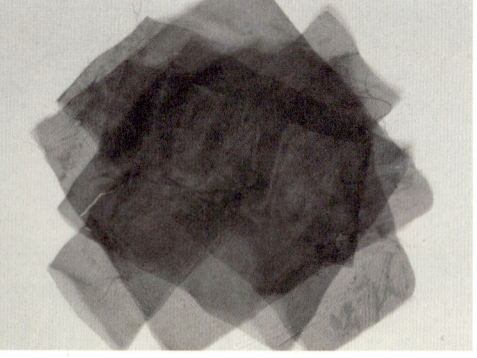

图4-9　使用网纱表现堆叠

（3）关键词："褶裥"。

安集海大峡谷经过多年的地壳运动，在受力的作用下使岩石层形成弯弯曲曲的褶皱，利用不同的材质重复折叠以产生褶皱，并使褶皱充满节奏感、线条感。运用厚重的面料让褶皱有分量感、立体感，轻薄的面料让褶皱有轻快感、通透感。厚薄不同的材质表现出不同的褶裥造型，鼓励项目组成员尝试使用新材料来表达不同形态的创新褶裥造型（图4-10）。

图4-10　使用不同面料表现褶裥

造型研究是为下一步针织面料的创新设计提供方向与思路,在这个环节要求项目组成员进行头脑风暴,材料要多样、手法综合且设计效率要高。因此,造型表达的材料选择宽泛,可以选用非纺织材料来拓宽思路,设计手法不限,要充分调动学生的创作主观能动性(图4-11)。

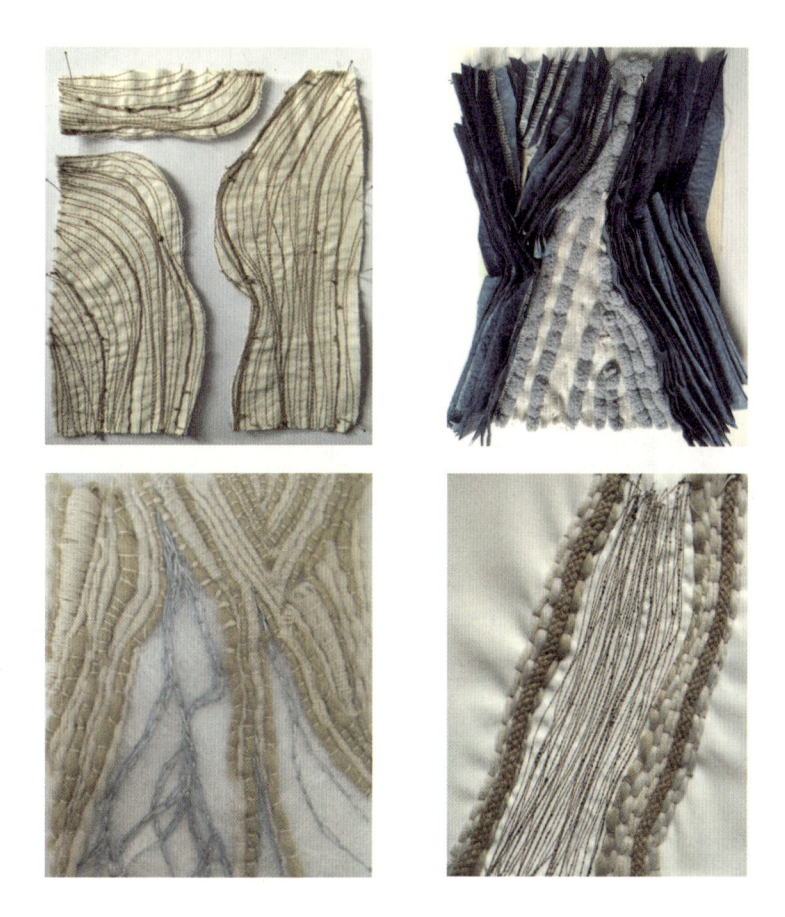

图4-11 通过绗缝表现褶裥

4.2.2.3 针织面料的设计研究

针织面料的组织结构是指线圈的排列、组合的方式,决定着针织面料的外观和特性。组织结构的创新设计,除了要考虑想要达到的外观效果外,还需要考虑不同组织之间的可结合性。

针织面料的研究过程漫长但充实,首先根据造型研究与前期调研所收集的面料来确定大概的方向,主要从线条感、肌理感、透明感、层次感入手,以达到流动、凸起、线性形态的效果。具体工艺有:空气层提花、正反针、移圈、凸条、局部编织、嵌花、大小线圈;纱线有:透明丝、有光丝、黏胶纤维、细织棉纱等。

为了达到层次与透明感,项目组将不同粗细、不同质感的纱线组合在一起,达到不透、半透、全透的层次效果。一是运用嵌花原理,在纱线的粗细方面进行调整以此达到主题中所要体现的"线迹感"。二是运用移圈方法,达到线面结合、虚与实的效果。三是运用局部编织的方法,将多种效果组合到一起,通过对密度的反复调整及正反针的运用,达到透明与不透明感。

　　不同工艺产生不同的视觉效果。通过局部编织的手法来达到凸条工艺，产生堆叠的效果；双面双色的单面移圈，能有效表现出主题中岩石的凹凸、肌理感；空气层提花工艺让面料更加立体，芝麻点提花能使面料厚实、纹路清晰，局部提花则能表达主题中自然蔓延的效果（图4-12~图4-19）。

图4-12　正反针

图4-13　层次感的平纹

第4章 SGM ART·MOUSE JI之针织工艺设计 | 067

图4-14 提花

图4-15 局部编织

图4-16 挑孔

图4-17 嵌花

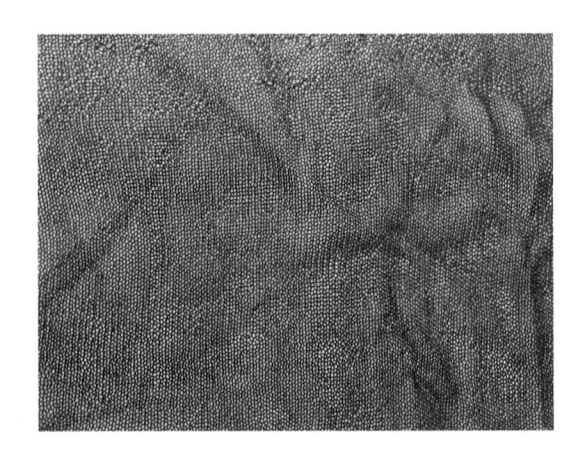

图4-18 平纹

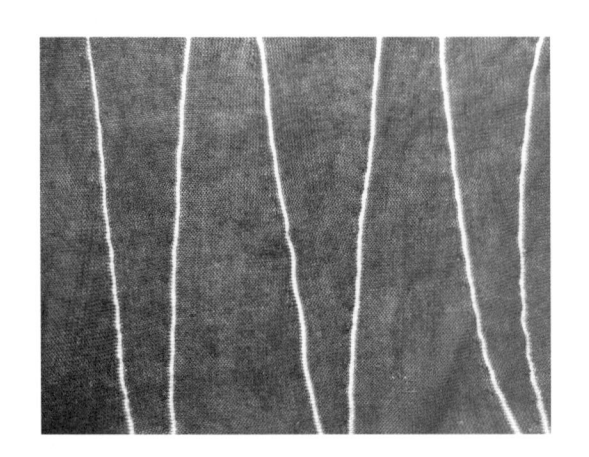

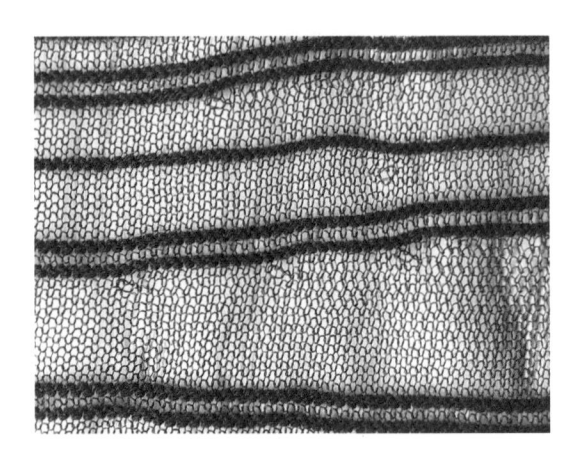

图4-19 横织竖用

经过多次实验，最终确定了使用的主要针织面料工艺为嵌花、局部编织、密度大的平纹。纱线选用透明丝、有色丝光棉、亚麻纱线等，色彩秉承品牌的一贯用色，即黑色、白色、灰色。根据 SGM ART·MOUSE JI 品牌理念，面料质感尽可能简洁、朴素，用强弱的黑白对比、透明与密实来表达主题意境，以现代的视觉语言表达东方韵味。在面料设计的过程中，纱线的选择至关重要，一方面，不同材质的纱线会产生截然不同的效果；另一方面，一些过细的纱线在制作的环节很容易出现钩丝、破洞等情况，项目组成员在面料小样设计制作时需要注意这些问题，扬长避短（图4-17～图4-19）。

4.2.2.4 款式设计与表达

进行系列成衣款式设计时，要充分体现 SGM ART·MOUSE JI 的品牌理念，根据调研的结果，廓型定位在A型，以连衣裙、外套为主。款式设计时，针织组织的创新设计是整个系列的核心，因此要考虑到针织组织在衣片上的位置、走向、体量等。

结合调研中所收集的款式设计点和面料小样绘制初期的设计草图（图4-20）。

图4-20 草图

用1/2小型人台立体裁剪,确定针织组织的位置、大小、数量;结合立体裁剪绘制效果图、款式图,并制作大样衣(图4-21)。

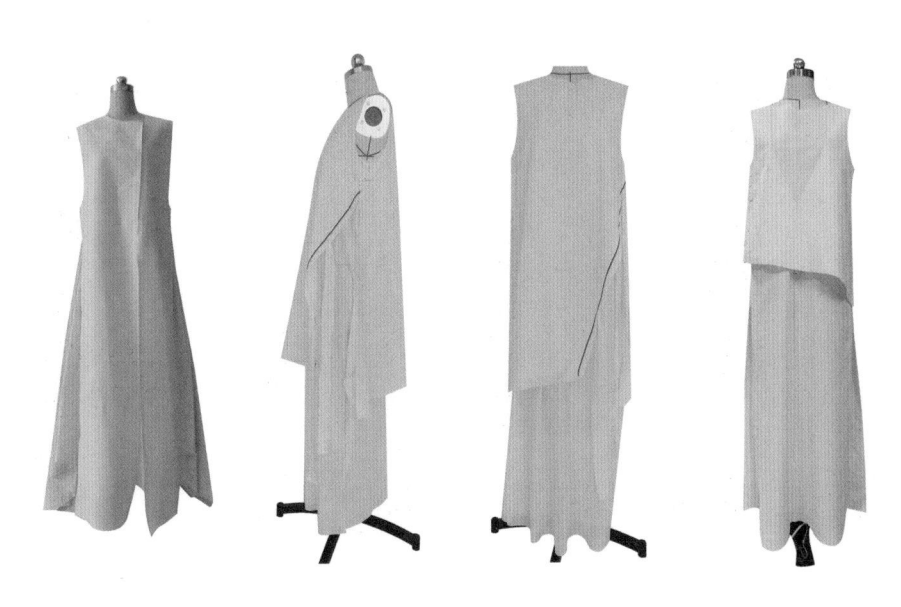

图4-21 样衣

以一套单品款式为基础款延伸至一个系列的设计（3～4款）。系列设计不只是完成单品的设计，更多是要考虑系列中单品与单品之间的关联，在系列设计中思考单品款式在内外、长短、层次、厚薄等方面的变化，使整个服装系列在统一的风格中有变化。整体系列整合完毕后，注意每套服装之间的关联协调性是否达到理想效果以及细节设计、布局安排是否到位，再进行局部调整，这样系列设计才能完整统一（图4-22～图4-29）。

图4-22　系列设计1

图4-23　系列设计2

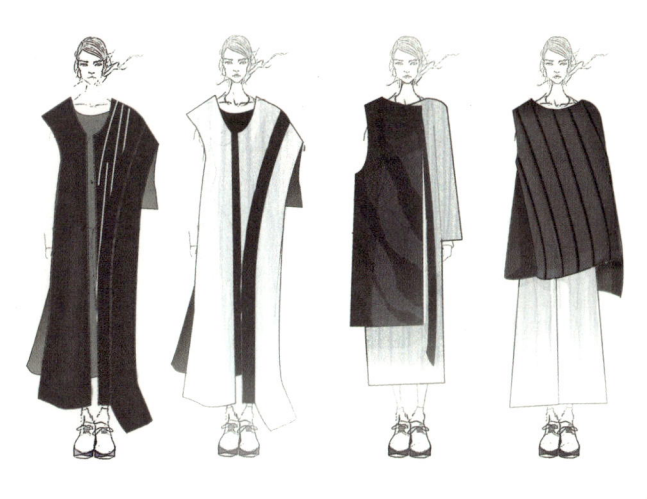

图4-24 系列设计3

图4-25 系列设计4

图4-26 系列设计5

图4-27　系列设计6

图4-28　系列设计7

图4-29　系列设计8

在实际的设计制作中,为了达到A型飘逸洒脱的廓型,需要调整衣领的开口大小、挂肩的高低及裙长、横织竖用时拼接的工艺等,需要不断平衡衣片的实际宽度与电脑横机的宽度,在此过程中需要不断调整,以达到最佳效果(图4-30)。

图4-30　2021春夏中国国际时装周现场走秀效果

4.2.3 案例解析二
4.2.3.1 主题确定

《天工》这一主题选自中国传统雕刻技艺"鬼工球",是一种用象牙雕刻而成的镂空球体,球体从外到内,由数层空心球连续套成,其中每个球均能自由转动,一层层的空心球交错重叠,玲珑精致,表面刻镂着各式浮雕花纹。随着"鬼工球"的转动,由实入虚、由虚悟实,形成一个具有意中之境的"飞动之趣"的空间艺术品(图4-31)。本系列以此为灵感,重点围绕灵感源传达的虚实、透叠等关键元素展开设计研究。

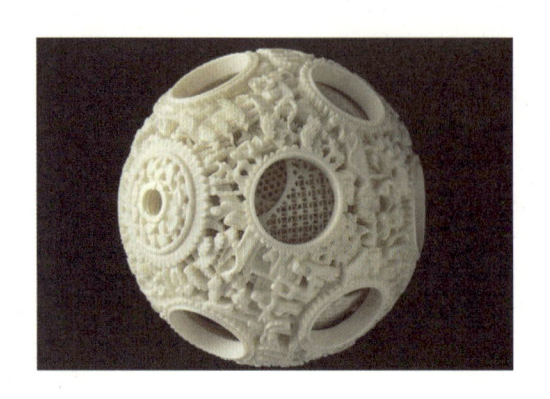

图4-31 《天工》灵感图片

4.2.3.2 造型研究

确定了主题之后,设计师从"鬼工球"的造型特征入手,从中提取关键词"镂空""层次"。在造型表达的初期用纸张和刻刀单纯地对"鬼工球"进行简单模仿,随着对造型的深入研究,尝试使用热熔胶、PVC材料、白乳胶等综合材料进行镂空、火烧、扭曲、翻转实验。从最初无意识地模仿到后期有意识地创作,是造型表达从"形"到"意"的一个必经过程,在这个过程中设计师从无意识到有意识是需要不断发现和尝试的,在模仿中发现新思路,在尝试中找到新想法,新想法又不断推进新的尝试,以此循环,达到满意的设计效果。

初期模仿:用雕刻的手法将数十层纸进行逐一雕刻,然后重叠在一起,形成纵深感。以同一种材质进行重复循环的表达,注意线条之间的对比关系(图4-32)。

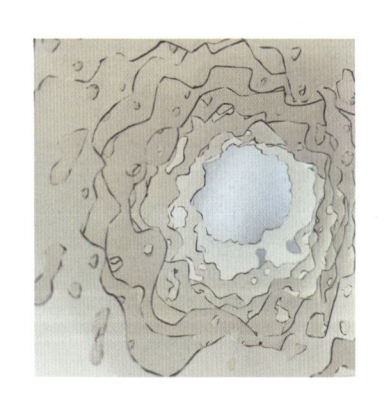

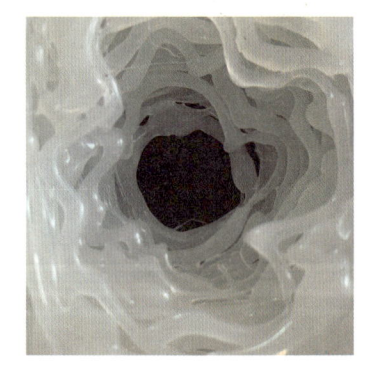

图4-32 白纸、热熔胶表达主题

不同材质组合表达。在这个过程中加入不同的材质,如纸、胶、无纺布等,通过不同形式互相穿插,造型丰富,层次多变(图4-33~图4-37)。

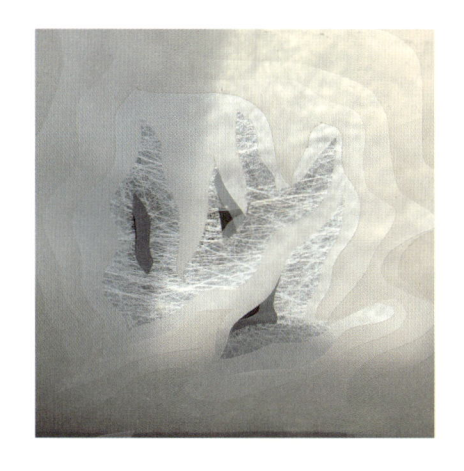

图4-33 硫酸纸、无纺布、网状纸组合

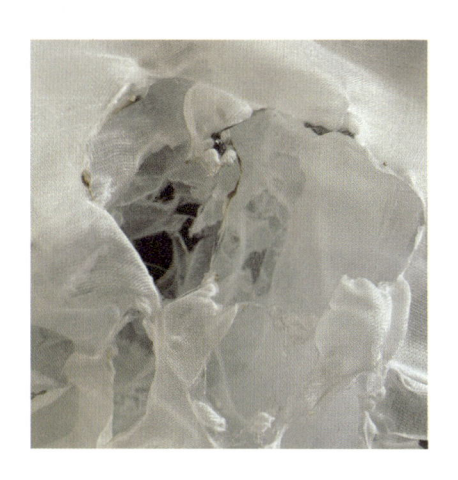

图4-34 使用热风将欧根纱吹出不同的弧形,再与其他薄纱材质叠加

图4-35 切割成条形的纸张重叠组合

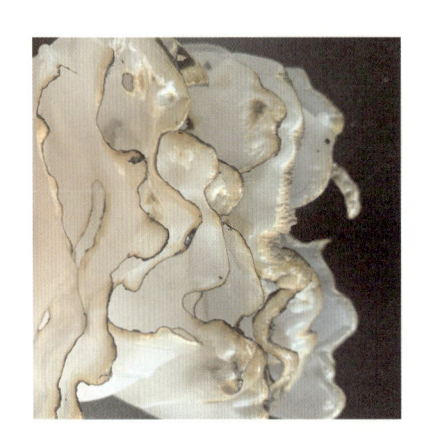

图4-36 用火灼烧欧根纱边缘形成弯曲的边缘造型

图4-37 使用麻绳和欧根纱在灯光的作用下形成层叠、镂空的视觉效果

4.2.3.3 针织面料创新设计

本次主题的面料设计根据前期造型研究和调研,主要以薄、透、层次感、镂空感为主开展针织组织创新设计。针织面料的创新设计是一个循序渐进、不断尝试、不断突破且在纱线与工艺之间寻求最佳效果的一个过程。针织面料创新设计的过程如下:

应先确定纱线的方向,使用透明丝、细支的棉线、尼龙混纺等有骨感的纱线来表达薄与透。镂空、层次感的表达以移圈工艺来实现,但是移圈的手法产生的镂空有大小限制,无法达到理想的尺寸。于是人们开始思考运用透明丝和白色纱线组合表现:首先尝试透明丝夹色,达到大面积镂空的效果;其次,尝试透明丝与纱线制作空气层面料;由此,继续思考如何将镂空与层次相结合,通过实验寻找到最佳方案——空气层衬纬,即由单层透明丝衬纬延伸出双层透明丝衬纬,更加轻飘,增添了几分仙气。

在此过程中设计师尝试透明丝与各种不同材质的纱线结合,不同的纱线所具备的特性不一样,织出来相同组织的面料效果各异。例如,化学纤维纱线与透明丝结合织成空气层组织,喷热蒸汽后化学纤维纱线就会收缩,透明丝部分就会形成褶皱。换一种纱线,就换了一种可能,这种不断尝试设计新面料的感觉是激发面料创新的动力。

本主题主要选用的工艺有空气层、移圈、仿蕾丝、极圈、大小线圈。移圈工艺可以产生很多孔洞,使织物呈现有韵律的镂空效果,然而只是一个平面的孔洞略显单调,因此尝试了多层移圈面料复合的效果,每层的孔洞大小和密度不同,重叠后更具层次感。空气层衬纬工艺,利用透明丝或白色纱线做衬纬,三层组织产生虚实相交的效果。仿蕾丝、极圈、大小线圈等工艺同样可以产生大小不一的孔洞,再利用透明丝和白色纱线的对比,可以更加突出面料的镂空与层次感(图4-38~图4-43)。

图4-38 手摇横机织物效果

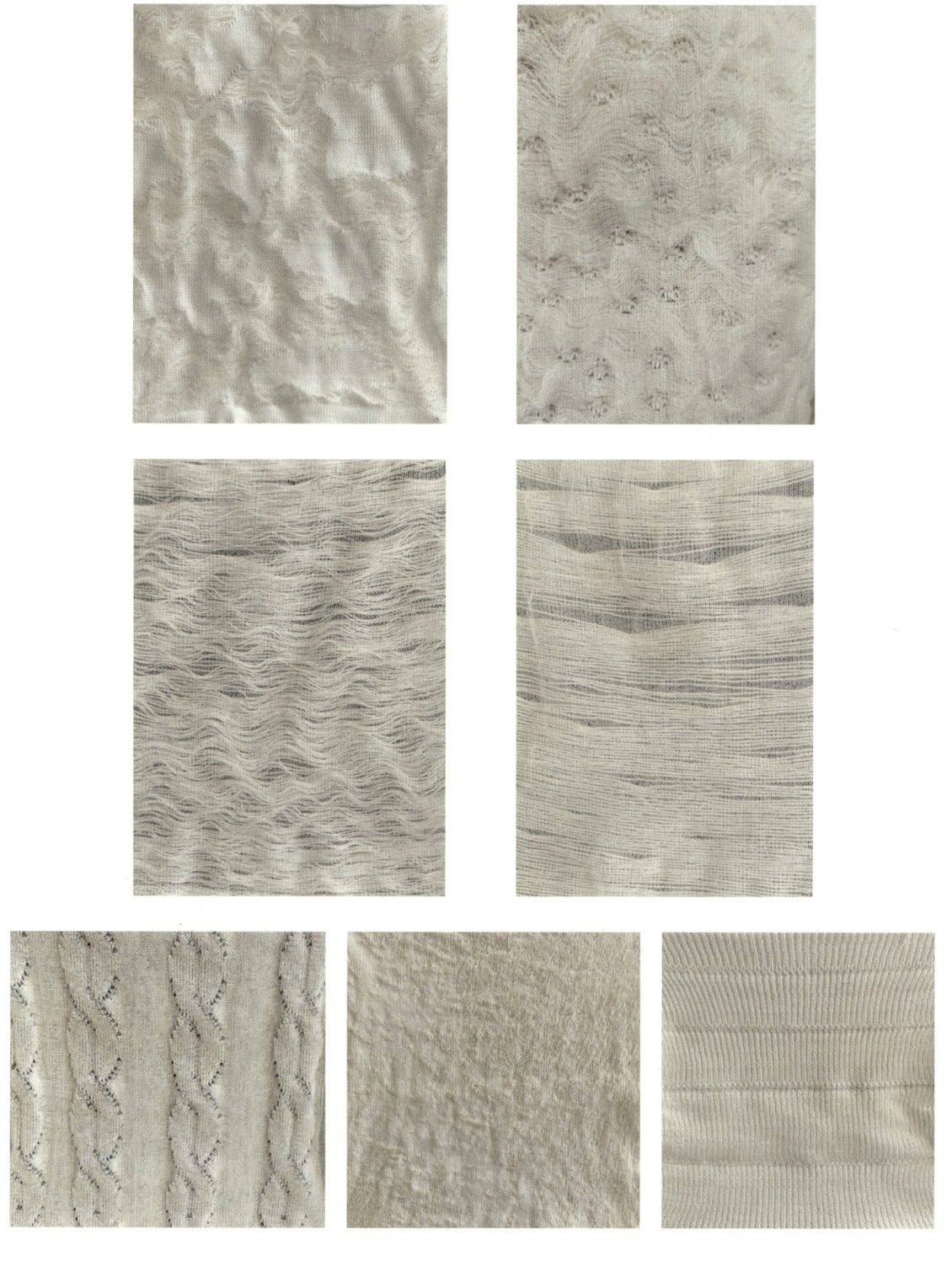

图4-39 空气层组织

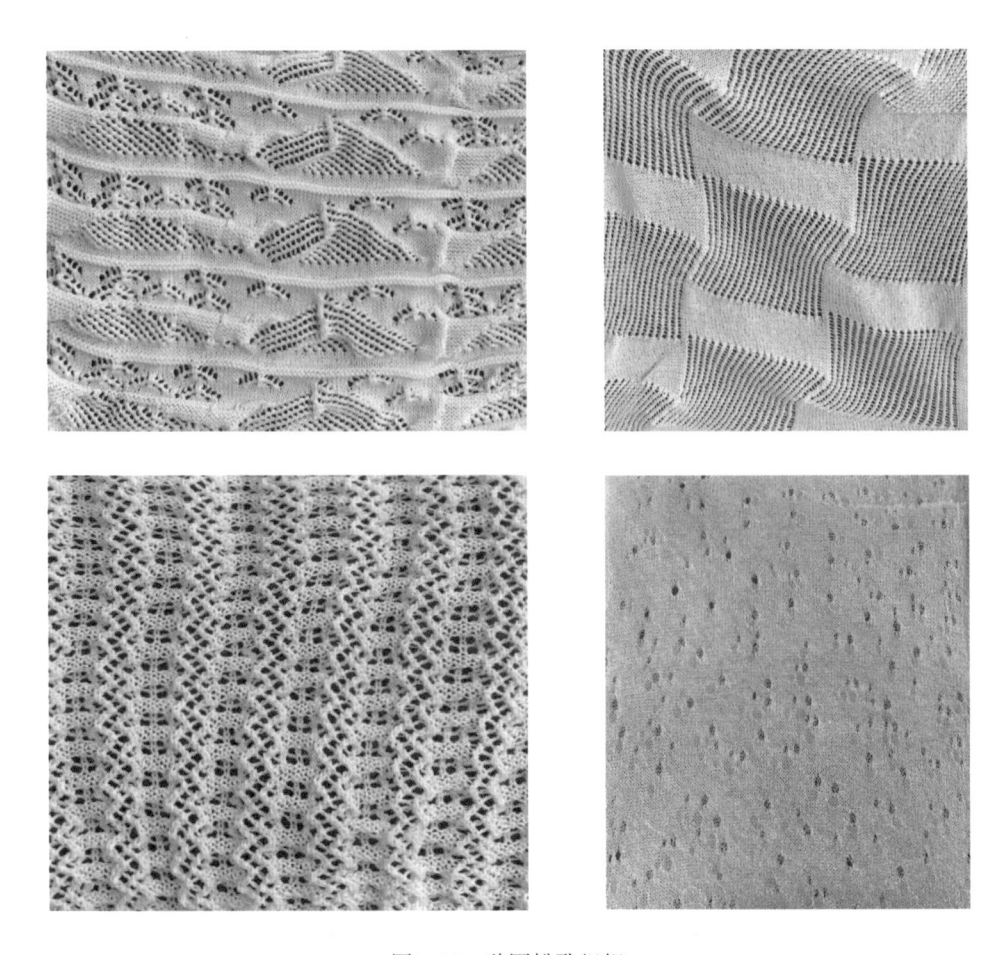

图4-40 移圈挑孔组织

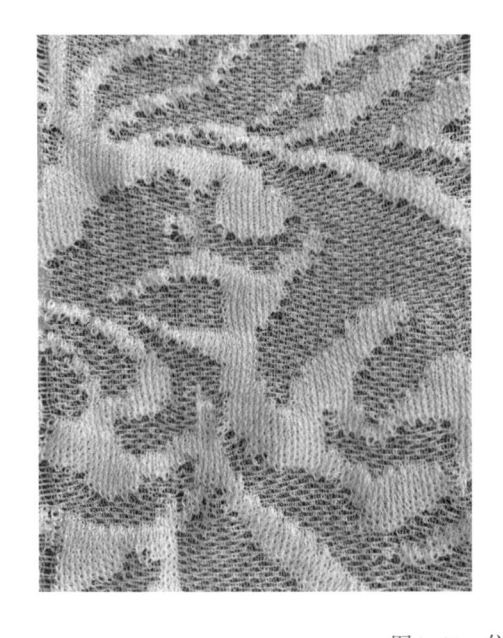

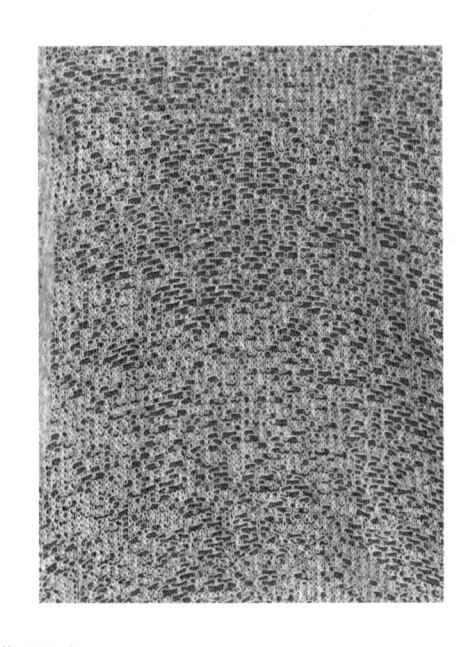

图4-41 仿蕾丝组织

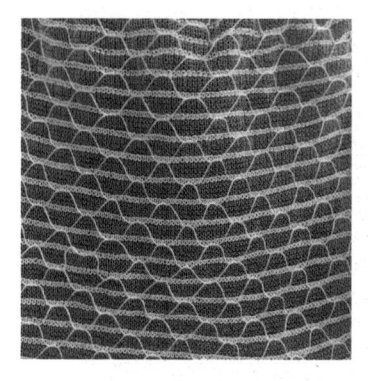

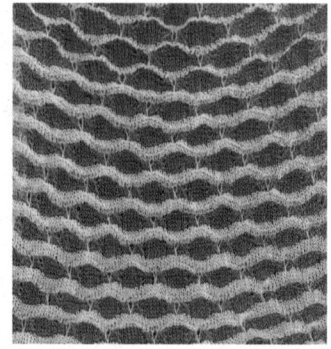

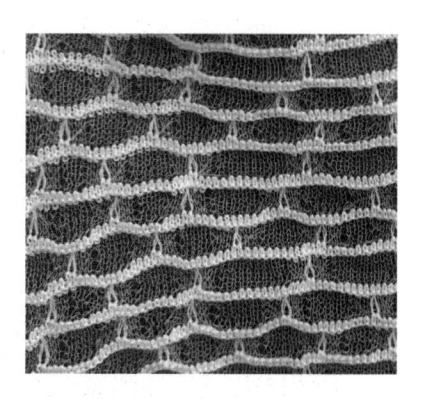

图4-42 极圈组织

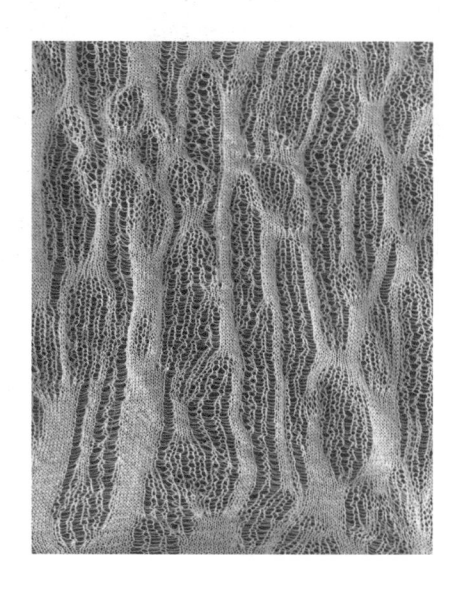

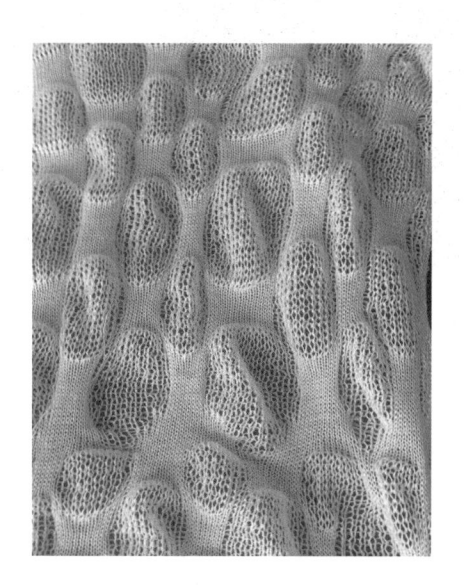

图4-43 大小线圈组织

4.2.3.4 款式设计与表达

在面料设计的过程中确定采用满花式面料，素净的色调加上立体的衣褶，无须多余的配饰和复杂的图案，最大程度凸显针织面料的花纹组织特点，将女性的柔美展现得淋漓尽致，表达出主题由实入虚、由虚悟实的意境。如何将面料设计运用在款式设计中，项目组成员通过在人台上进行立体披挂式设计，得到多个初步设计方案。

在明确初步方向后，设计师结合前期披挂式的款式初样开始绘制草图，鉴于本系列款式设计主要以披挂式设计方向为主，款式中有大量的转折、折叠的结构，直接绘制有一定的难度，所以项目组成员通过1/2小型人台立体裁剪的手段结合调研收集的款式风格图片进行立体裁剪，边设计边修正，随时观察效果、随时纠正问题，并用拍照的形式迅速记录下立体裁剪的款式。这种方法可以突破经验及想象空间的局限，直接感知成衣的穿着形态、特征及设计点的合理性等，以最简便、最直接的视角把握人体与服装构成关系、内外结构线关系和分割线的比例、针织面料的分布、设计点的延伸等，可以达到更佳的款式效果（图4-44）。

图4-44　设计草图

将立体裁剪的款式转化为服装效果图和款式图。这个过程是为了将款式样衣进一步细化，款式的廓型、内外层次、衣长、结构设计线、开合方式、面料设计的位置等都需要精准地表达出来。

在样衣制作环节采用平面制板为主、立体裁剪为辅的方法。制作1/2小型人台样衣的时候，对于款式的服装板型已有了大致的了解，因此在制作大样衣的时候可以先剪裁一个大致的板型再放到人台上利用立体裁剪的方法优化细节（图4-45～图4-47）。

图4-45　样衣设计

图4-46　效果图与款式图1

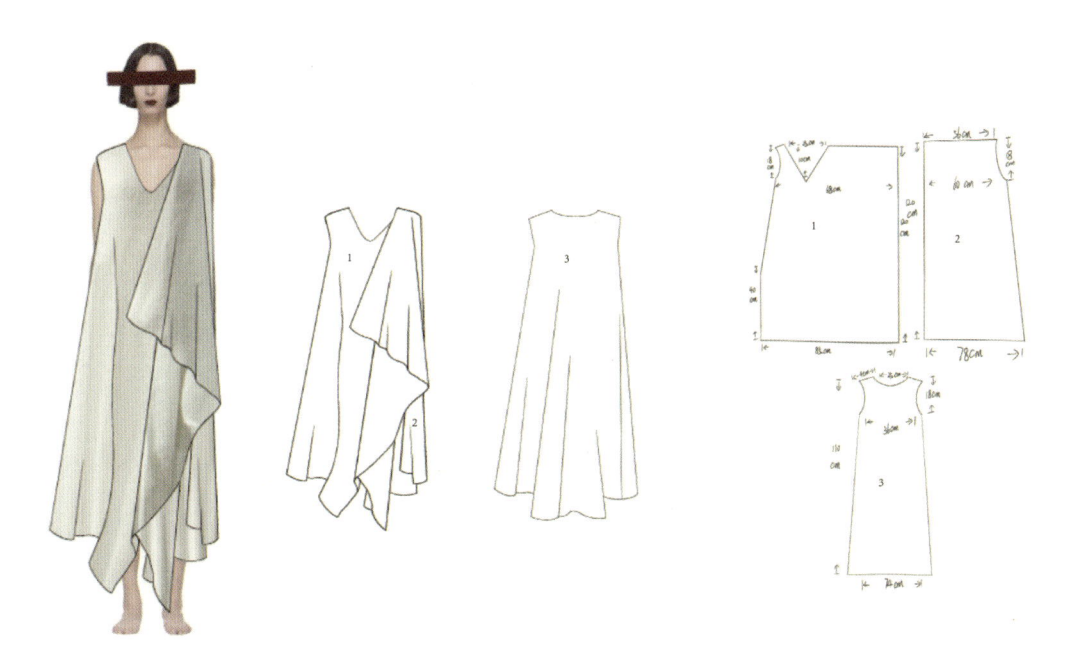

图4-47　效果图与款式图2

在成衣制作过程中要考虑到针织物具有伸缩性和脱散性的特点，要求缝合裁片的缝迹必须与织物的延伸性和强力相适应，使成品具有一定的弹性和牢度，并防止线圈脱散，要均匀顺直，弧线处要圆润顺滑，在缝制过程中不能过度拉伸织物，以避免造成鼓包、打褶、不平滑的效果（图4-48～图4-50）。

图4-48　成衣效果1

图4-49　成衣效果2

图4-50　成衣效果3

第5章
SGM ART·MOUSE JI 之时装发布会策划

5.1 确定 SGM ART·MOUSE JI 品牌表演主题与序列

5.1.1 确定发布会主题

主题是一场时装表演的灵魂，是编导调动一切艺术手段竭力为之工作的中心。SGM ART·MOUSE JI 品牌主题被命名为"SGM ART·MOUSE JI CHAPTER（1-5）春夏新品发布"，每一季的时装发布都有一个明确的分主题，比如2018年CHAPTER 1是《逆》（图5-1），2019 年 CHAPTER 2是"Speechless"、2020 年CHAPTER 3是《疏·影》、2021年 CHAPTER 4是《幽》，2022年CHAPTER 5是《寂》。每一季都立意明确、主题鲜明，历年来都以春夏新品发布为对象，以师生作品展示为目的，突出品牌宣传、产教融合成果。每季服装都从二三十位师生作品中进行遴选，选出能淋漓尽致展示当季设计理念，既具有国际化设计眼光，又能突出表达传统文化精髓的师生作品。每季服装数量控制在75~80套，整场发

图5-1　2018年主题《逆》

布演出时间控制在 25 分钟以内。当然，组织一场时装发布会，把握好演出时间不仅跟服装数量有关，还跟舞台大小、音乐节奏、模特舞台定位时间、更衣室距离出台口的远近等都有直接的关系，这些对编导也是极大的考验。

5.1.2 发布会选款与定装

SGM ART·MOUSE JI 品牌每一季的服装也是精心挑选的，精益求精。不要小看模特的定装选款，它可以生动地再现服装制作中反映的问题，指导设计师及时修正；它是服装再设计的创作过程，通过配件等饰品的点缀，让服装更具创造性和表现力；它还可以让设计师和编导对整场发布的序列有更准确的把握与认识，为后面演出工作做好更充分的准备（图5-2）。

图5-2　模特定装选款

5.1.3 确定发布会序列结构

主题确定后，时装表演的序列结构就显得尤为重要了。如在CHAPTER 1发布中，采取的是以奇发动开场和再升式结尾的形式进行序列设计，开篇以现代的机械舞拉开帷幕，中间发布部分以5种服装色彩作为组接，结尾以群体造型作高潮，最后又以一位身穿中西合璧的时尚服装的芭蕾舞演员演绎的一段芭蕾舞作收官，让整场发布表演得到更好的升华，把表演氛围推到更高潮（图5-3）。又如在CHAPTER 2发布中，采取的是弱发动和强结尾的形式进行序列设计，开篇用一个外模开场，中间发布以廓型作为序列组接，最后开场用8个模特做仪仗，后面跟主秀模特女王（Queen），Queen后面又有排仗，整个队伍浩浩汤汤，气场全开，达到了整场表演的高潮，让观众惊艳不已（图5-4）。CHAPTER 3和CHAPTER 4的序列设计也是构思精良，每一场回味悠长的品牌发布都离不开编导的精心设计。

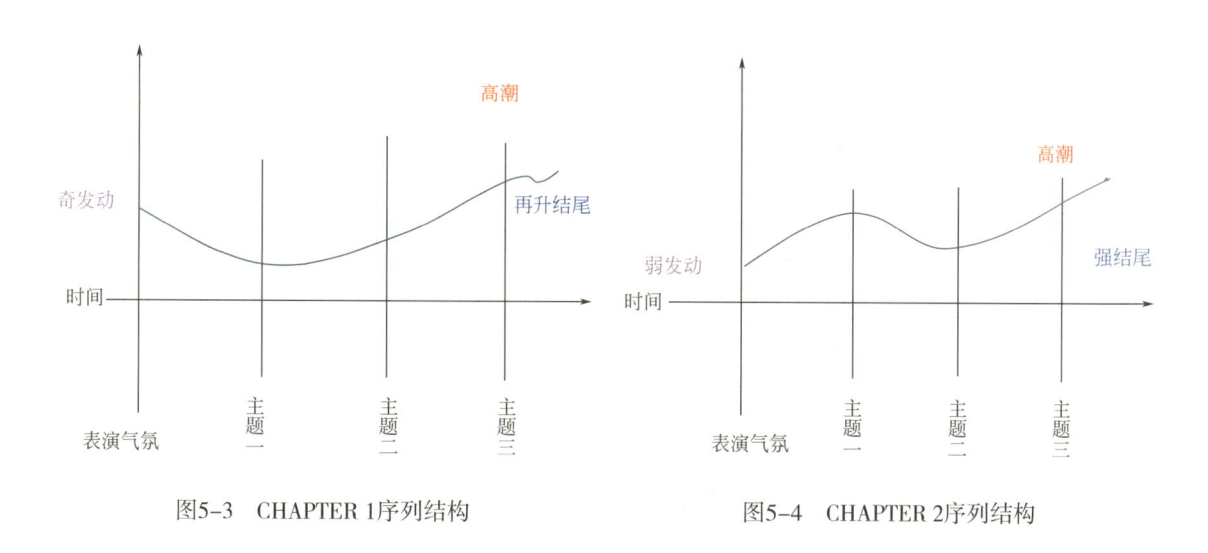

图5-3　CHAPTER 1序列结构　　　　　　　图5-4　CHAPTER 2序列结构

5.2　挑选 SGM ART·MOUSE JI 品牌模特

5.2.1　挑选模特的原则

很多人认为发布会挑选模特是一件最简单的事情，其实不然。模特是服装的载体，是展示服装的重要元素，模特挑选对了会让服装锦上添花，模特挑选错了，会让服装黯然失色。模特挑选时第一看条件，第二看风格，第三看表现力和专业基本功，这三者缺一不可，否则品牌发布质量一定大打折扣。

第一看条件。模特不是脸长得漂亮就行，或者身高够高就可以，但至今还有人这样认为。模特要修长苗条，讲究凤头小脸、鹅颈鹤腿、平肩细腰、体态挺拔、曲线优美。模特的比例很重要，可以说是经过严格测量的。第二看风格。模特不能是大众脸，美要美得高级，要特别。只有辨识度高的脸庞加上与众不同的气质特征，才能称为个人风格，形成模特独特的气质：也许是成熟优雅端正型，也许是活泼开朗阳光型，也许是深沉冷峻型，也许是清新明眸灵动型……第三看表现力和专业基本功。前些年流行一个词语叫作"美女经济"，导致模特行业门槛较低，只要有点条件的帅哥靓妹都往里挤。追求时尚无可厚非，但很多模特没有经过多少训练和学习就匆匆上岗，这种速成的模特一个很大的弊端就是表现力弱、专业基本功不扎实。模卡美化得很漂亮，一走台扣肩驼背、摇头晃脑、夹臂坐胯等各种不良体态就都暴露出来了。

5.2.2　SGM ART·MOUSE JI 品牌模特挑选

SGM ART·MOUSE JI 品牌在挑选模特时，由于该品牌服装大都是极具中国传统文化元素并糅合现代剪裁设计的休闲服装，要求模特不能穿高跟鞋，所以对模特的身高要求比较高，大都是180厘米左右的女模特。模特风格要符合中国传统审美认知，明眸皓齿、云发丰肩、杏脸桃腮的东方美女。模特要有较好的专业基本功，台风稳健，静如处子，端庄大方，不张扬，不夸张，不做作。

模特挑选有多种形式：第一种现场面试，第二种模卡加视频，第三种网上面试。该品牌一般采用现场面试，这种方法最直接，也最直观。模特面试的过程中，可以对一些需要特别试穿的服装或一些感觉特别好的模特，进行服装或配件的当场试穿或试戴，甚至当场定装，提前预约好模特档期，还可以对她们当天演出时的一些走台要求提前规定或告之，这样可以节省一些人力财力成本及时间成本，现在国际时装周一般都会采用这样方法，该品牌在米兰时装周上就是这样操作的（图5-5）。

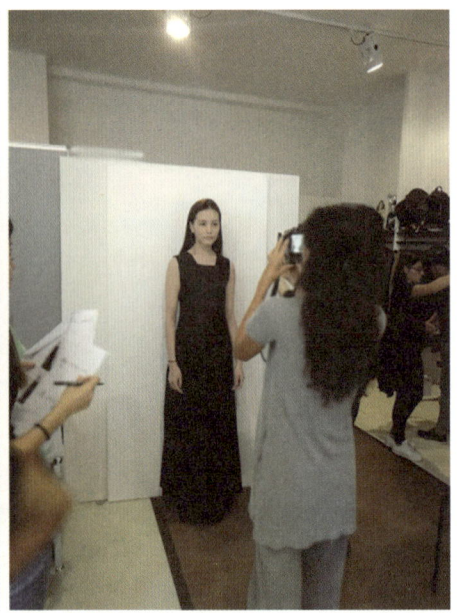

图5-5 米兰国际时装周模特面试

5.3 制作 SGM ART·MOUSE JI 品牌音视频

5.3.1 品牌发布的音乐制作

音乐与舞台表演一起构成视觉和听觉的复合效应，是时装表演特有的艺术形式。音乐可以赋予表演律动和情绪，可以烘托舞台氛围，突出服饰风格，因此其在时装表演中的地位不可小觑。

音乐在时装表演发布中一般有三种表现形式：第一种是现场演奏，即请乐团、乐队或器乐演奏者当场演奏，使音乐演奏与时装展示融为一体，相得益彰。第二种是从现有的流行音乐或经典音乐中挑选比较适合服装风格的音乐，直接使用。第三种是根据品牌发布的需要进行独家设计，采用音乐制作与录制的方法。这几年，该品牌都是采用第三种形式，经过独家设计的品牌发布会音乐更富有特色和品牌生机，更能赋予服装情感。

以该品牌CHAPTER 2米兰时装周专场为例。2019年作品主题为"Speechless"，对该系列作品的解读就是不用过多装饰，舍去多余的概念堆积，在意的是材质、款式、色彩。主题源于中国古代的《周易》："吉人之辞寡，躁人之辞多。"少言寡语，温柔娴静，是内心安宁的反映。Speechless 意为少言的、无言的，正如 SGM ART·MOUSE JI 品牌所传达的简约、自然、内敛那般，一半理性，一半感性，一半简洁利落，一半又如流动雕塑般温柔。基于这样的主题背景，在音乐制作上品牌以国家级非物质文化遗产苏州评弹《枫桥夜泊》为对象（图5-6），结合西方走台音乐，融合中国古典音乐中的古筝、潺潺溪流、钟声、木鱼等元素，经过提炼、融合与再创作，形成独具品牌风格的专场音乐，体现了中西合璧、多元交融的音乐特点，展现了中华文化兼容并蓄、博采众长的民族精髓，成为整场服装发布的亮点之一，深受意大利观众喜爱，带给意大利观众一场不一样的视听盛宴。

图5-6 《枫桥夜泊》评弹表演

5.3.2 品牌发布的视频制作

视频是一场时装发布效果呈现的重要手段，可以起到营造氛围、增添情调并增加信息量的作用。视频如果作为片头或片尾一般不宜太长时间，通常1分钟左右最合适，过长会降低观众的期待，有冗长感；过短则不容易表达清楚，观众情绪还没进入就结束，会有仓促感。以 SGM ART·MOUSE JI 品牌米兰国际时装周专场发布为例。在发布会开始做了一个开场片头，时长1分15秒，视频以苏州中西文化的对撞与交融为契合点，展示了传统在现代中发展、现代在传统中成长的精美画卷。摩天大楼掩映下的苏式生活，是快与慢的对比；霓虹斑斓的歌舞剧院与软糯的园林昆曲，是现代与传统的对比，再配上鲜明的音乐，开篇就把观众的视线牢牢抓住，给了观众强烈的震撼（图5-7）。

图5-7　SGM ART·MOUSE JI 米兰时装周开场视频

5.4　设计 SGM ART·MOUSE JI 品牌妆面造型

5.4.1　品牌发布的模特试妆

很多发布会的企业或编导，注重服装的质与量，注重模特的好与坏，却往往忽略了造型艺术对时装表演发布的重要影响。时装发布会的模特造型不仅是化妆师的事，也是编导的事，是决定演出品质和细节的事，不是演出前临时确定的简单设计，它是展示时装表演的重要手段。所以，一场高品质的时装发布，模特造型需要融于主题，并结合当下流行色、流行造型和款式进行构思和设计，这样的造型才能打动观众，才能更好地提升发布会质量。

妆面造型对一场发布会而言是不容忽视的重要表达形式，也是影响发布会成效的重要因素之一，所以发布会前的模特试妆就非常必要。编导与化妆师在秀前应该提前就模特妆面造型在色彩、形式、造型材料等需求方面进行沟通，以便化妆师提前为每场的妆面造型准备材料，以免出现临时材料匮乏，无法满足编导或设计师需求的状况。另外，再优秀的化妆师也不能一下子完全解读编导或设计师的造型意图，需要彼此沟通，对于编导和设计师的妆面造型要求必须通过实践操作来呈现，再根据呈现效果对模特妆面色彩、造型、配饰等进行调整，直到达到满意的效果，而这些都需要提前试妆，当面沟通（图5-8）。

图5-8　SGM ART·MOUSE JI 米兰时装周模特试妆

5.4.2　品牌发布的模特定妆

比如品牌在2019年米兰国际时装周的妆面和造型，结合了我国唐妆的点唇妆与当时国际流行的微醺妆，也就是腮红打在颧骨最高处与眼尾位置的一种妆容，并结合了一点儿中国戏曲昆曲妆面，设计了两款妆容造型，并区分了主秀与非主秀模特妆造（图5-9），让模特的造型时尚但不缺乏民族感，既贴合服装，又不喧宾夺主，鲜明的模特造型给整个时装发布会锦上添花。

图5-9　2019年米兰国际时装周主秀与非主秀模特妆造

5.5 SGM ART·MOUSE JI 品牌表演编排设计

除了确定主题、选择服装、规划序列、面试模特、制作音乐、设计妆面等表演方案外，还需要确定演出场地、舞美设计、舞台道具，制作时装发布预算、演出排练时间表、模特出场序列表、工作人员责任表，指导后台服装的分配管理等，这些都是一位编导前期需要完成的基本案头工作。在这里主要对前面几个内容做重点阐述。

5.5.1 SGM ART·MOUSE JI 品牌发布舞台设计

简言之，表演的编排设计也可以体现为模特在舞台上的表演形式，主要是利用模特在舞台上的走台线路、造型构图、表演节奏和表演风格等视觉效果，运用合乎规律的形式美，揭示服装主题，强化服装风格，展示文化内涵，激发人们的情感联想，使人们产生感官上的审美满足，引起心理上的愉悦。

品牌发布的模特走台设计首先要基于舞台，舞台的形状对表演的编排设计影响很大。以米兰国际时装周国内专场发布为例，SGM ART·MOUSE JI 品牌的时装发布近几年在国内采用的都是常规T型台，造型简约，以突出服装款式为主，舞台伸展台尺寸大概2.4米×20米，造型台尺寸大概1.2米×12米（图5-10）。

图5-10 2019年 SGM ART·MOUSE JI 品牌国内专场发布舞台设计

5.5.2 SGM ART·MOUSE JI 品牌发布编排设计

基于T型舞台，在表演的编排上运用的是篇章式设计、造型式构图与流线型表演相结合的方式，整场服装表演分为上下半场。上半场开始，8个穿着品牌服装的模特手持长柄灯笼、戴着渔夫帽缓缓站在造型台上，烟雾缭绕中，神秘幽暗的舞台灯光下，模特们静穆端庄的神情，像极了处在云深不知处的禅寺，配着描写苏州寒山寺的昆曲《枫桥夜泊》和古刹音，模特们像寺庙里走出的仙人，婉约多姿，仙气飘飘。传统式的开场加上现代流线型的走台设计，让人不由得联想起古诗词中的名句："东家之子，增之一分则太长，减之一分则太短；著粉则太白，施朱则太赤；眉如翠羽，肌如白雪；腰如束素，齿如含贝；嫣然一笑，惑阳城，迷下蔡。"（图5-11）

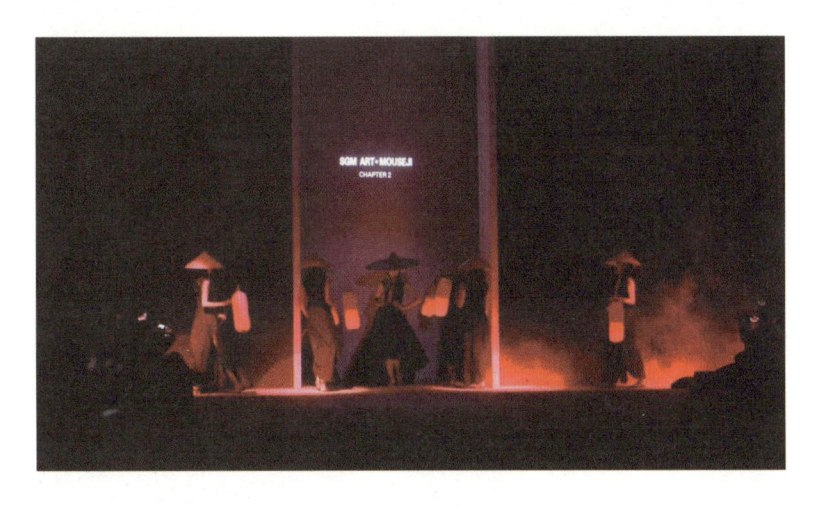

图5-11　发布会开场

把观众情绪提到最高点的还是发布会的末篇。主秀Queen出场时，运用更具气势的对称排仗构图，前面2个提着灯笼的模特开道，后面跟着Queen，Queen后面有华盖遮蔽，又有6个打小伞的仕女相随，像极了古代皇亲贵戚的出行，阵容强大，给予观众庄重华美、大气磅礴的感觉，同时把整场发布推向高潮，在观众意犹未尽中全场结束，模特和设计师集体谢幕（图5-12～图5-15）。

图5-12　发布会下半场高潮

图5-13　设计师谢幕

图5-14　模特谢幕

图5-15　集体谢幕

到了米兰，舞台结构发生了明显变化，T型台变成了"口"字形台，品牌舞台表演也随之进行了微调，这要求编导具备较强的适应性和随时应对突发状况的能力。SGM ART·MOUSE JI 品牌每一季时装发布都是精工细作，发布与服装浑然一体，体现了传统文化当代化表达的设计理念，都经过了编导的精心构思和雕琢。

5.6　SGM ART·MOUSE JI 品牌发布舞台诸要素合成

5.6.1　SGM ART·MOUSE JI 品牌发布舞台设计

一场成功的时装发布，舞台上绝不是单纯个体的孤立存在，而是模特、音乐、视频、灯光等整体合成的一场视听盛宴。音乐和视频已经介绍过，这里重点介绍 SGM ART·MOUSE JI 品牌发布舞台的灯光运用。

还是以米兰国际时装周国内专场发布为例，模特在婉转风雅的苏州评弹中上场，黑色的宽襟服装，红色的斗笠，高高挑起的大红灯笼，好像在诉说着苏州古城的历史，弥漫的烟雾配上红色的舞台顶光，展现了神秘莫测的古刹风情。第一个主秀模特的出场（图5-16），运用追光、特效音乐处理和特定的模特造型，强调了模特的特殊身份，对主秀模特与后面出场的模特做了"切割"和区分，一开始就牢牢地抓住了观众的视线。整场发布舞台以冷色为基调，运用冷色面光，目的是凸显服装的色彩和结构。发布会最后，当另一位主秀模特Queen出场时（图5-17），采用首尾呼应的方法，弥漫的烟雾，红色的背景光，在迷离灯光的掩映下，在古刹木鱼的敲击声中，在华盖排仗的遮蔽下，Queen款款露出神秘面纱。恰到好处的红色背景光的处理为模特的出场烘托出隆重喜庆的气氛，增添了些许神秘色彩。最后是模特的谢幕，谢幕音乐一般比走台音乐快半拍到一拍，强调节奏感，气势要强，灯光则在白色面光灯中做了频闪处理，增加活力欢快的氛围。

图5-16　首秀模特

图5-17　压轴模特Queen

作为编导，要非常熟悉灯光，懂得灯光的语言艺术及不同灯光的艺术效果，以满足不同发布会企业或设计师的概念需求。灯光在编导的设计下，如同神奇的潘多拉盒子，为时装发布会渲染了绚烂的氛围。

5.6.2　SGM ART・MOUSE JI 品牌发布路线设计

每场发布会模特的走台路线都是经过精心设计的，一场精彩的发布会，它的走台路线一定也不是单一的。SGM ART・MOUSE JI 品牌发布会，一般会强调开场、主场和谢幕的路线设计。比如，其近几年开场运用过机械舞的奇开场形式（图5-18）、舞蹈表演形式（图5-19）等；主场路线大气简约，以凸显服装为主（图5-20）；谢幕暨高潮（图5-21、图5-22），这

图5-18　机械舞奇开场形式

图5-19 舞蹈表演形式

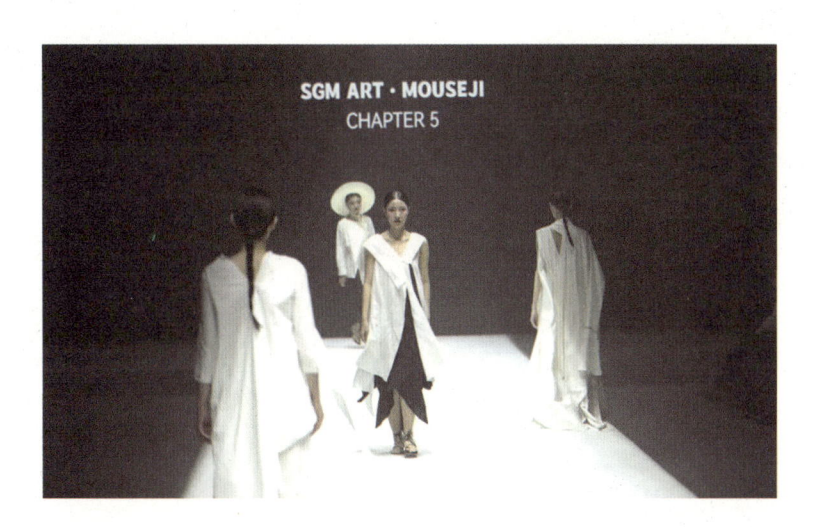

图5-20 主场路线简约大气

图5-21 压轴模特表演

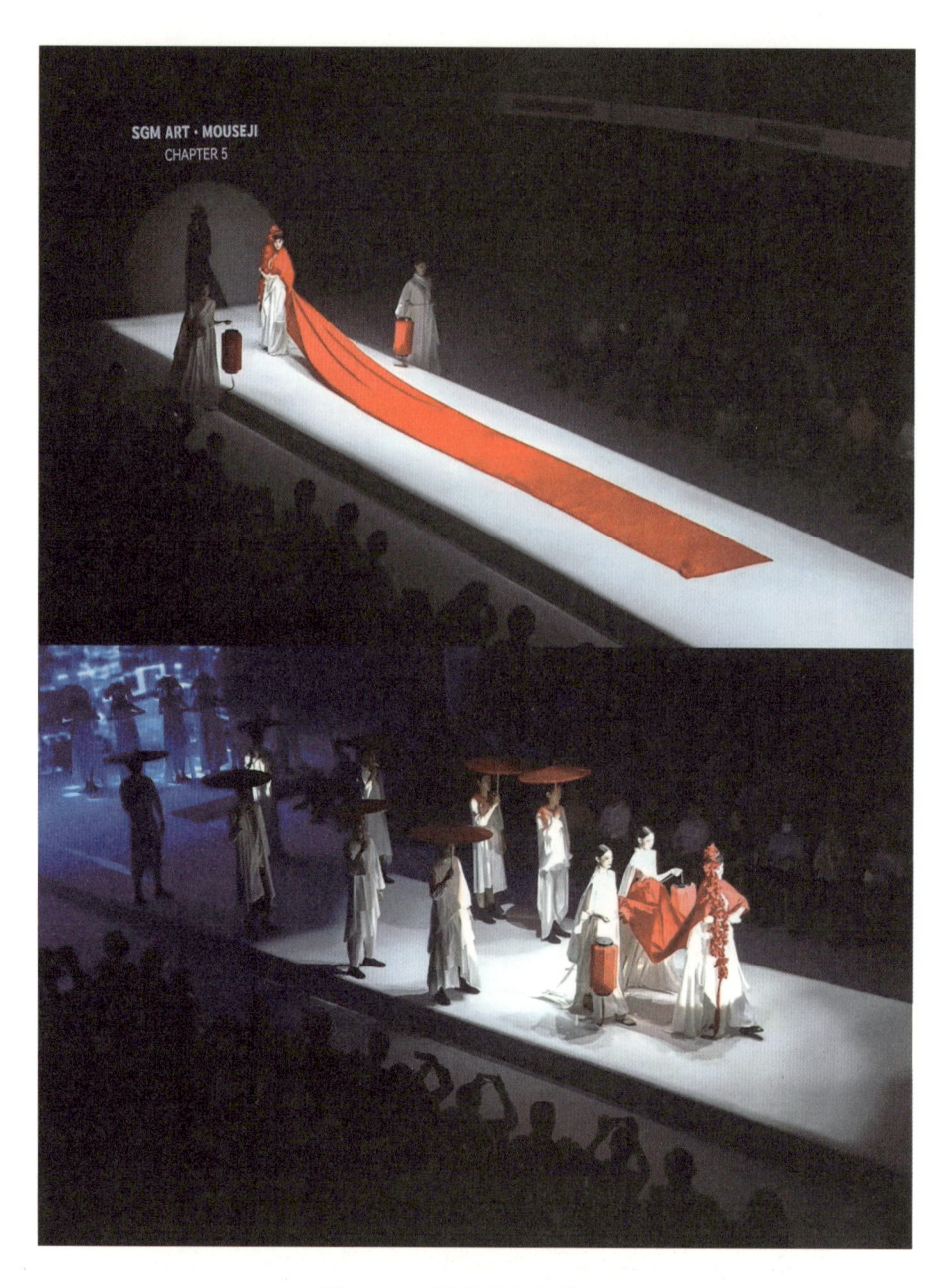

图5-22 压轴模特与仪仗表演

部分紧密联系，路线更是精心构思，通过压轴模特表演与仪仗式造型等展示中式服饰的气势磅礴。一场发布会的每一个细节都要关注，任何一点出现问题都可能造成"千里之堤，溃于蚁穴"的严重后果。比如，一场时装发布，开始很好，模特演出很好，但设计师谢幕、嘉宾合影等结尾一片凌乱，也会对整场发布会大打折扣。一个有经验的编导一定能把握全局，熟悉每个环节，对现有的条件清晰明了，对即将发生的可能充满预判。

5.7 SGM ART · MOUSE JI 品牌彩排、演出与总结

5.7.1 SGM ART · MOUSE JI 品牌发布彩排

彩排是对前期和中期成果的检验，是正式演出前的检验，所以非常必要。每一次彩排都应该按既定流程走，不要疏漏每一个过程，某些被认为安全并可忽略的小事，往往在正式演出时问题就发生在那个瞬间。因此，SGM ART · MOUSE JI 品牌非常重视每一季演出前的彩排。彩排也是检验正式演出问题最好的方法，这个时候往往平时注意不到的问题会显露出来，比如服装是否适合模特行走、配件是否影响模特造型、音乐长短节奏是否合宜、灯光是否切换准确、演出次序是否衔接得当，等等，所以，彩排是正式演出的修正，也是正式演出的最好保障。

5.7.2 SGM ART · MOUSE JI 品牌发布演出与总结

正式演出前，编导需要检查各岗位人员是否就位、模特妆容是否完成、重要演出通道是否畅通等，这些都是为演出的顺利进行做的铺垫。但无论怎样未雨绸缪，仍然会有很多突发状况，需要编导具备及时处理能力。比如，2019 年 SGM ART · MOUSE JI 品牌国内专场发布时，在模特化完妆临候场前突然有一个外模找不到人了。在经纪人的多方联系下，这个外模梨花带雨地匆匆赶来，这时大家才发现她根本没有化妆，但离开场只剩半小时，在编导、经纪人的情绪安抚与沟通和几个化妆师的通力配合下，最后她赶上了演出。试想，对于一场光模特就六七十人的大型演出，如果编导没有提前安排工作人员清点模特人数并检查模特的化妆质量，那这个模特很可能因个人原因无法正常上台而影响甚至耽误演出，那这一场多少人为之付出并期待的演出就会因为一点儿纰漏而功亏一篑。演出中面对各种突发状况时，需要编导有充足的经验、强大的内心及良好的协调沟通能力，并于每一次演出结束后都做好总结。

这个总结是多方面的，小到一场秀结束后的善后工作，如模特、工作人员的离场，嘉宾的拍照，观众的资讯等，大到整个秀的调整、后期的巡演等。比如，SGM ART · MOUSE JI 品牌 2019 年 6 月国内专场结束后，9 月又进军米兰国际时装周进行演出；2020 年则是 6 月校内专场结束后，10 月进军中国国际时装周进行演出。

SGM ART · MOUSE JI 品牌是苏州工艺美术职业技术学院产教融合时尚中心平台与行业领军人才、南京远东国际艺品有限公司 MOUSE JI 品牌创始人吉平生先生联合推出的校企合作品牌，作为高职院校产教融合的典范，学校紧密对接产业链、创新链，在打造实用化、国际

化的时装系列的同时,培养了更加务实、更懂市场、更具有国际视野的设计师,教师的专业能力和业务素质也得到了极大的提高。

大师领航,学校掌舵,师生共济。学校希望通过 SGM ART·MOUSE JI 国际时尚中心的建设,建立和完善"创新时尚设计人才培养"运行机制,搭建教师参与企业实践的平台,不断提高专业教师的设计创新和教学水平,推进校企深度融合、校企专业共建,探索产教融合新模式,协同打造江苏省服装产学研共生共赢平台,进而推进全国高职教育教学改革高质量发展。

目前平台已经运营了5年,先后走上了中国国际时装周、米兰国际时装周等国际知名时装周的舞台,特别是2019年师生优秀设计作品在意大利米兰国际时装周的成功发布,充分展示了学校服装设计专业和工艺美术专业的教育教学成果。学校设计师团队以国际化的视角表达中国文化,以时尚化的设计语言诠释中国元素,展现了中国当代时尚文化的魅力,凸显了学校传承中国优秀传统文化、讲好中国故事的文化自觉与自信,为中意文化交流、两国"一带一路"文化建设谱写了一篇美丽华章(图5-23~图5-25)。

图5-23 SGM ART·MOUSE JI 米兰国际时装周现场图

图5-24　SGM ART·MOUSE JI 米兰国际时装周发布图

图5-25　SGM ART·MOUSE JI 米兰国际时装周发布会

参考文献

[1] 王建良. 中法服装设计主题教学丛书[M]. 南京：江苏美术出版社，2009.
[2] 李程. 产品设计方法与案例解析[M]. 北京：北京理工大学出版社，2017.
[3] 唐琴. 服装材料与应用[M]. 上海：东华大学出版社，2021.
[4] 李文娟，和健. 成衣面料创意设计[M]. 北京：中国轻工业出版社，2023.
[5] 丁伟，郑蓓娜. 服装项目产品设计[M]. 上海：东华大学出版社，2021.
[6] 万芳. 面料改造与设计[M]. 沈阳：辽宁美术出版社，2021.
[7] 刘晓刚. 品牌服装设计[M]. 上海：东华大学出版社，2018.
[8] 胡迅，须秋洁，陶宁. 女装设计[M]. 3版. 上海：东华大学出版社，2019.
[9] 谭磊，王秋美，刘正芹. 针织服装设计与工艺[M]. 上海：东华大学出版社，2012.
[10] 柯宝珠. 针织服装设计与工艺[M]. 北京：中国纺织出版社有限公司，2019.
[11] 宋广礼，杨昆. 针织织物组织与产品设计[M]. 北京：中国纺织出版社，2015.
[12] 冯利，刘晓刚. 服装设计概论[M]. 2版. 上海：东华大学出版社，2015.